中国仰天事件簿

欲望止まず　やがて哀しき人々

楊《ヤン》逸《イー》

WAC

はじめに

中国の「法意識普及」を主旨とするTVやオーディオ番組が、海外にいてもYouTubeのお陰で見られるので、「小説の素材に」と考え、私も時々覗くようになったのは昨年の春頃からでした。

実際に起きた刑事事件なので、小説より「突飛な展開」があっても仕方ないかな、という心構えはありました。しかしはじめの二、三件を知っただけでもう唖然とし言葉を失ったほどの衝撃でした。どれも小説に書いたらきっと「作りすぎ」と酷評されそうなので、そういうのを避けるように、少し強烈さが控え目の事件を期待して次々調べていくと、なぜか「荒唐無稽度」が増す一方でした。

「驚愕が止まらない」、やがて「直面しがたい」、ある種中国人であるがゆえのつらい感情に襲われ、これ以上知りたくない気持ちにもなりました。

私は悩んで、病んでしまいました。私を育ててくれた土地も文化も民族も病んでいて、もう病膏肓《やまいこうもう》に入るほどの重症ではないか、にもかかわらず、無力の自分がただ眺めているのは、あまりにも辛かったのです。

己《おのれ》も「醜い中国人」の一員であるのはとうの昔に承知していました。自省するつもりで、長いこと同胞を鏡にして一々我が姿を映しては、見つめなおす作業をしてきました。でも今、事件を起こした「フツーの中国人」が目の前に現れたらと思うと逃げたくてたまらなくなりました。

もし自分もその時に、そういう境遇にいたらどうなっただろう。そう思ったとたん、ハッと背筋に冷や汗が走って震え上がりました。

中国の古典『晏子《あんし》春秋』に「橘生淮南則為橘、生于淮北則為枳」の名言があります。——橘《たちばな》（蜜柑《みかん》）は淮水《わいすい》の南岸で甘い実をつけるのですが、北岸に植えると苦い実しかつかない枳《からたち》になってしまいます。

「権力至上」と「拝金主義」の陰に蔓延《はびこ》る横領や腐敗文化。そこで暮らす人々には、欲の赴《おもむ》くままに詐欺や欺瞞の術を以て社会のどん底から這い上がろうとする欲望の動物になる以外、生きる「道」が残されていないのです。私は逃れられました。幸運児です。でも幸運だったことに胸を撫でおろすだけで良いのでしょうか?

もはや自力で治癒するのを見込めない我が祖国の病状を外の世界に訴えて助けを求めなければ……。そんな危機感に駆られるようにして、中国庶民の生態をありのままに伝える本を企画し、ベテラン編集者の佐藤幸一さんが力を貸してくださったおかげで、この本を世に送ることができました。感謝しています。

本書に取り上げた事件について、世相を反映していてなおかつ「普遍性」もあるという意味で、ここ10年間――2012年以後、あえてコロナという非常期間を除いて2019年までのものを対象に、大量殺人とか残虐な事件を除外して選びました。

地方都市で起きた「小事件」ということもあって、裁判、判決の量刑について、警察や裁判所に公表されていないものが多く、調べはもっぱら、日本から当局のネット検閲を突破し、ネットメディアと地方紙にアクセスして、それらの報道を精査しなければならなかったので大変苦労しました。

また参考にした報道媒体が複数あるため、同じ事件でも人名や地名が異なったりして、本書では事件を忠実かつ分かりやすく伝えるために、再構成する際に固有名詞の一部は独自のものを使用し、本筋に関係の薄い人物やエピソードなどを省略しました。

中国仰天事件簿
欲望止《や》まず
やがて哀しき中国人

目次

第二章

利益は自分、責任は他人

第三章 見栄の果て

第四章 欲が肥大し、やがて哀しき人々

第一章

独りよがりの欲望

事件1

「愛人職」を狙った女子大生の代償

肖雲彩《ショウウンサイ》、四川省のとある農村の出身で、２０１４年重慶の大学に進学したため、親元を離れ寮に移り住むようになった。

２０１８年４月、22歳になった彼女は長い就職活動をしてもなかなか結果が出ない中、仲良しのルームメイト鄭《チュン》某《なにがし》に誘われるようにして、重慶市にある中堅の民営企業にインターンシップで入った。

しかし正社員の定員は１人。３か月間働いたのち、鄭が採用されたため、肖は落ちて、職探しを続けるしかなかった。

同級生が次々と職を決めて、学生寮の中でも就活の話題はいつの間にか、「寮から出て行く」とか「アパートは会社の近くで借りたい」とかに変わり、彼女は焦った。それもそのはず、中国の大学は日本と違って秋入学である。６月は卒業シーズンなので、そろそろ寮から出なければならない時期だったのだ。

むろん仲良しの鄭は就職が決まってすぐアパート探しに奔走し始めた。会社に近いエリアを狙っているようだが、何せビジネスと商業が集中している土地柄もあって、その辺は家賃が高いらしい。

「あたしとルームシェアするのってどう?」

ある日、肖がベッドの中で求人広告をめくっているところに、寮に帰ってきた鄭が訊いてきた。

「いや、仕事がまだ決まっていないのに、アパートどころじゃないんだよね」

「そんなこと言って、ここから追い出されたらどこに住むの? 住むところがなければ職探しもうまく行かないでしょ?」

その通りである。職探しとアパート探しを同時進行でやらなければならないのだけれど、しかし……。肖は一段と落ち込んでしまう。

数日後、外出中の肖に鄭から電話がかかってきた。——狙うエリアで良い物件を見つけた、一緒に見てほしい、と。

WeChatに届いた住所にすぐ駆け付けた。環境も広さも間取りも女子が二人住むのに適した部屋ではあった。ただ家賃は月1800元（約3万6000円、1元＝20円で換算）。入居時に半年分一括先払いするのが契約条件だ。

職がまだ決まっていないのに……。

傍で躊躇《ためら》う肖を見て、鄭はすかさず「最初の半年分は私が立て替えておくから、仕事が決まって給料が入ったら返してくれれば良いよ」と言ってくれたので、頷いて契約書を交わした。

住むところが決まったのだから、就職活動に専念し、1日も早くこの窮地から脱出できるように肖は気合いを入れると同時に、ハードルを下げ「志望企業」の条件などを調整した。ほどなくしてある大型スーパーの求人広告を目にした。さっそくエントリーシートを送ると面接通知が届いた。面接の日、会社に行くと、外には長蛇の列が二つもできていた。20名の定員に、数百人が殺到したようだ。

長く待ったのち、やっと自分の番になったと思いきや、面接官は、彼女が「販売員未経験の新卒」と知るや首を振った。1分足らずで出てきた彼女は列に並んでいるオバサンたちを眺めて、「4年間も大学で学んだのに、自分は彼女らにも勝てない」と落胆した。

このショックで彼女はトラウマを抱えてしまった。

「就活恐怖症」となって職探しに気が進まず、鄭が出勤するのを待って、彼女は一人で部屋に籠ってネットサーフィンするようになる。

5月中旬のある日、肖がいつものようにネットサーフィンしていると、某人気サイトの「回憶人生」という名のポストバーにあった「愛人募集」広告に目が留まった。

投稿したのは「張国強《チャンゴーチャン》」、内容は次のようになっていた。

私は山東省青島市の出身で、地元で不動産開発の会社を経営しているが、現在は離婚して独り身であり、いわゆる「鑽石王老五《ツウシーワンロウ》（鑽石はダイヤモンド、王老五は独身男性、独身貴族のこと）」のように暮らしている。愛人が欲しいなと思っているが……。もし以下の条件に合う方がいれば、ご連絡いただきたい。

条件、身長165cm以上、体重50キロ、年齢30歳以下の未婚女性であること（追伸、私は地元で知られている実業家であるため、ここでは会社名などの情報を公表するわけにはいかないので、審査に通った方には後日、往復航空券を送付するので、実地考察〈面接〉に来てもらう）。

肖は目を光らせた。もし自分が応募して審査に通れば、このアパートに住まなくて済むだけじゃなく、きっと彼が開発した不動産物件から、好みの高級マンションを自由に選んで住むことができるに違いない。そう想像すると居ても立ってもいられず、さっそくチャットの「ｑｑ」アプリで投稿者に「友だち申請」し、「愛人に応募」とメッセージを送った。

「友だち申請」は翌日になってようやく承認された。「張国強」のアイコンが友だち欄で点滅しているのを確認し、待ちわびた肖はすぐに、「もし宜しければ、私をあなた様の愛人にしてください」と書いて送る。

「あなたはどこの出身？　年齢、身長、体重および学歴を送りなさい」

いきなり個人情報を要求してきた。口調もどこか強引で無礼という印象もあるけれど、何せ大金持ちの社長だから。その横柄な態度は却ってある種「成功者の覇気」と受け取って益々興味が沸いてきた。求められた通りに「プロフィール」を送信し、緊張しながらじっと「審査」の結果を待つ。

ほどなくして、返信が舞い込んできた。――「基本条件は問題ないようで、一次審査通過リストに入れた」と。

緊張はちょっとだけ解けた。肖は喜びを込めて「謝々」を送り返した。すると張社長は、「応募者が多すぎて、これからそれぞれの資料を精査して、最も優れている女性を選ぶ。選ばれた女性にはお小遣いとして月10万元（約200万円）支給するので、自由に使いなさい。そのほか私とともに出張したり旅行したりする際の費用はすべてこちらが負担するので、もし普段の接する態度が良ければ、さらに評価し褒美も与えよう。また1年間勤まれば200万元のボーナスもあげる。とりあえず次の審査結果が出るまで連絡を待つこと」とメールしてきて、その日のやり取りが終わった。

200万元のボーナスとは大企業の社長に匹敵するような条件ではないか。これほど手厚い待遇ならばシンデレラのように暮らせるし、ルームメイトの鄭が今の会社で白骨になるくらい働いても手にできないはずだ。

彼女は激しく飛び跳ねる心臓を抑えながら、「選ばれたら、必ず頑張って張国強社長に優しくて従順な愛人になって、余所に振り向かせないように尽くそう。一たび自分の虜にすれば、いずれ正妻として迎えてくれるだろう」と自分なりの正妻への道筋を思い描いた。

※　　※

再び張社長から連絡があったのは2日後のこと。「スナップショット数枚送ってくれ」と。

写真を求められたということは、きっと自分が書類審査に通ったのだろう。ベストテン入り、あるいはベストファイブ入りしたかもしれないと予測して、肖は携帯アルバムを開いて、「一番美しく見える」写真を二枚選んで送信した。

張社長はすぐ返信してきた。「重慶の女の子はきれいでセクシーだとよく聞くが、ほんとのようだね。これからきみはほかの二人とPKする（勝負する）ことになるけど、自信はあるかい」

「頑張ります」――自分の予想を上回ってベストスリー入りしたのがわかって、彼女は涙が溢れ出るほどに感激した。

続いて張社長はPKのルールについて説明した。

俺の愛人になるということは、こちらの事業をサポートする覚悟が必要。たとえば会社の発展や経営に関する戦略、企画などについて、知恵を絞ってもらうとか。だから学識のある、スマートな女性でなければならない。いざ何か起きた場合、俊敏に対応する能力があるかどうかも審査される。

これについて具体的な審査方法は、つまり私と世間話をすることだ。喋りながら、話し方や態度などから私に適合するかどうかを判断する。


そこで二人は、毎日ネット上で世間話できる時間を相談して決めたが、ある日、張社長は仕事で大連に出張し、ネットがつながらなかったりするため、携帯で連絡したほうが良いと言い出した。ただ、「私は声フェチなところがあって、標準語、とりわけ少し香港台湾訛りのある標準語を、甜美《てんび》な声で優しく話す女の子が好みだ。ただ電話はこちらからするので、勝手にこちらにかけられては困る」と、あらかじめ肖に教えた。

むろん肖は躊躇なく電話番号を教えた。「声が審査される」。四川省出身の彼女にとって、甘い声で香港台湾訛りの標準語を話すのは大変な苦労ではあったが、「夢」に向かって一生懸命に頑張った。

幸い肖の声を聴いた張社長はご満悦のようで「可愛い」とほめてくれた。続いて、「俺の電話番号を絶対に他人に教えないように。勝手に電話されたら仕事に響くので困る」と再三注意してから、この日のやり取りを終わらせた。

携帯通話ができるお陰でやがて二人は頻繁に連絡するようになった。出張していても昼間は会議しながら張社長は、携帯メッセージでチャットし、夜はホテルからネットの「qq」でトークし続ける。

※　※

「きみの洞察力はすごいね」だの「なんと聡明な人なんだ」だの「私が欲している愛人はまさにきみのような人なんだよ」だのと褒められて、肖はふわふわして夢心地になっていく。

仕事や夢についての話題はそのうち身の上話になり、やがて彼女のプライベートあるいは男女関係にも移っていった。

気付けば5月も終わりに近づいた。張社長は「もうこれ以上ほかの候補者と話すのは無駄だから、愛人をきみに決めようと思うんだ。ただ関係を確立させる前に、俺のちょっとした個人的な嗜好を満足してくれるかな?」と訊ねた。

「もちろんです。どんな嗜好ですか?」

「ちょっと言いにくい俺の癖なんだよね。もしいやだったら断っても良いぞ」

「何でも言ってください」

「実は、俺は女性のボディサイズをすごく気にする方でね」

「はい、どうやって見せればいいんですか？」

肖は一瞬ためらった。だがすぐに「今引き下がったらここまでの努力が水の泡になってしまう」と思いなおした。

「写真に撮って送ってくれるか」

仕方なく肝心の部分を隠したうえ、バスト、ウェスト、ヒップを別々に撮った写真を送ることに。自分の顔が映っていない分、万が一写真が流出しても大して問題にはならないだろうと、一応気をつけてはいた。

「俺が想像したのとほぼ合っている。これで宜しい」という張社長の返信が届いて、肖は安心した。

だが翌晩になって、張社長はまたメッセージを送ってきた。

「あのさ、夕べきみの写真を見てからずっともやもやしてるんだ。写真に映ったボディがほんとにきみかどうか？　ネットからダウンロードしたものじゃないとも限らないだろう？　どれも部分しか映っていないから、きみだと証明してもらわなきゃね」

そうと聞いてさすがに肖も不機嫌になって「私は、自分の全裸写真を簡単に人に送るような女じゃないです」と返した。

「じゃあ自動的に棄権ってことだね。これできみの審査は終了して良いね？」

手に入りかけた「愛人職」。並みはずれた高収入。シンデレラ暮らし。これまで見た美しい夢のすべてが途端に遠ざかって消えそうになる。肖は慌てた。少しだけためらった後、張社長に「送らせていただきます」と返信した。

果たして肖の全身ヌード写真が届き、張社長は甚だ喜んだようで、「大連出張が終わり次第、重慶に飛んできみに会いに行く。俺たちの関係を確立しよう」と返信してくれた。肖は夢見ごこちになった。

※　　※

数日後、張社長が乗るというフライト情報が届いた肖は、きれいに化粧し着飾って重慶江北空港に向かった。夜9時すぎにフライトが到着し、出口のところで待っていた彼女は、出てくる乗客を真剣に逐一チェックしたが、張社長らしき人物は一向に現れなかった。

昼間通じていた電話もオフになったまま、つながる気配すらない。

空港に向かう途中渋滞に遭ってフライトに間に合わなかったのか、あるいは大連のプロジェクトに突然何か問題でも起きて足止めされたのか。彼女はあれこれ思案して、張社長が現れない理由を考えて、空港のロビーで一夜を明かした。

疲弊してアパートに戻っても休むことなく、パソコンを立ち上げ、張社長の「ｑｑ」をチェックすると、いうまでもなく「オフ」だった。

肖は「心配しています」「至急連絡ください」などメッセージをいくつも書き込んだ。丸2日経った。張社長は「ｑｑ」に現れた。オンにしたなり、彼はキレた様子で怒り散らした。

「くそっ、重慶の旅はひどいったらありゃしない」

「重慶に来た？」

「行ったさ。重慶に行ったのに迎えに来たきみに会えなかったし、空港で俺を待ったきみも俺に会えなかった」

訳を詳しく訊けば、「大連で買った骨董品がセキュリティに引っかかって、一晩拘留されちゃって。電話しようにも携帯が電池切れで、散々だった。仕方なく翌日拘留が解かれて、そのまま青島行きのチケットを買い、帰ったのだ」という。

「骨董品が没収されなかっただけでも幸いなので、私のことはあまり気にしないで下さい」と、肖は優しく張社長を慰めた。二人の関係は何も起きなかったかのようにまた続くことに。

それからというもの、張社長の態度はどこか冷めたようで、以前ほど自分に関心を持たなくなり、数日も連絡が取れないことが何度かあった。

肖はまた不安になった。愛人になれば月10万元（200万円）のお小遣いが入るし、働かなくてもシンデレラのように華やかで贅沢に暮らせると思い描きつつ、これまで、張社長に喜ばれようと一心で頑張ってきた。就活はおろかバイトもせず、収入ゼロで、生活は未だに田舎の両親が送ってくれる少額のお金に頼っている。

娘が一生懸命に就活していると思いこんでいる両親は、この頃なお心配して、頻繁に電話しては「就職は？」と訊いてくる。それに鄭から借りた家賃も抱えているし、またこうも話が長引くのは、ほかに愛人職競争者が現れたのかもしれないし……。早く愛人に採用されなければ、どんどん窮地に陥《おちい》ってしまう。

自分から出撃するしかないと、肖は意を決し、勇気を振り絞って張に電話した。――

「一体いつになったら私に『身分』を与えてくださるの？」と。

「今時の女は、誰もが金目当てで俺の愛人になろうとしているんだから。俺はもう破産して無一文の身になった。愛人の話はもうなかったことにしてくれ」

そう言っている張社長の声は、以前と変わらない覇気があって、無一文男に堕落した様子など少しも感じさせない。肖は信用せず、逆に「きっと私を試そうとしているのだ」と思った。

「私は違います。金目当てなんかじゃなくて、ほんとにあなたを愛しちゃいました」

「無一文の俺でも？」

「もちろん、いつまでもずっと愛し続けます」

「ほんとかい？　俺は今、急用で８１８元（約1万6000円）が必要なんだけど」

どうせ「心の審査」だろう、肖はすぐにＷｅＣｈａｔに送信された張社長の振込先に「８１８元」を送金した。

それから数日間、張は少しだけ優しくなり連絡も多くなったが、ただ「愛人職」についてはまったく触れなかった。

１週間が経って、張社長は肖に「石清」という名の銀行口座を送って、愛の証明として肖に「５２１《ウーアイー》（我愛你《ウォーアイニー》＝愛している）元」を送金させた。

前回の銀行口座と名前が違うので、肖はちょっと疑って確かめたが、「俺のボディーガードのもの」だと返されたので、納得してむろん内心で「やはり破産していない」とわかってひそかに喜んだ。

たった一週間のうち、親からもらった生活費の大半は消えてしまった。

だが数日後、張はまた電話してきて「２０００元」を要求。

肖はようやく「もしかして詐欺？」と思うようになった。

「お金はもうありません」と断った。

肖の強硬な態度から「詐欺はもうばれた」と気づいた張は豹変して、「送金しないなら、きみのヌード写真をネットにアップするぞ」と脅した。

自分のヌード写真をネット上に拡散されたら、今後きっと就職も結婚もできなくなる。肖は怯えた。しかし財布とバッグをひっくり返してありったけの金を集めても、１０００元にしかならなかった。仕方なく「全部あげるから、写真をネットに上げないで」と懇願した。

しょせん貧しい農民家庭から出た新卒の大学生、職にも就いていないし、金なんかあるわけがないと見切りをつけて、張は「１０００元を以て、今後金を強請ることもヌードをネットに上げることも互い連絡することも絶対にしない」と約束した。

本物の無一文になった肖。「詐欺師はちゃんと約束を守ってくれるか」、「お金に困るとまた脅してくるんじゃないか」などと心配し、考えれば考えるほど怖くなってとうとう警察に通報した。

2018年6月15日、警察は「石清」名義の銀行情報を調べて、大連市内のネットカフェで容疑者を逮捕した。

容疑者、石堅《シージェン》。銀行名義人「石清」の20代の息子である。河南省の農民で中学校を中退してから大連に出稼ぎに来たが、昨年腰を怪我して現在休養中である。退屈な時間を潰すためにネットカフェに入り浸って、「愛人募集」もある種「悪ふざけ」のつもりで投稿したが、まさか引っかかる人がいるとは予想してもいなかった。肖に偽名を名乗ったのも、多少お小遣いを騙し取るつもりがあってのこと。

石堅はのちに、詐欺罪で再逮捕された。

楊逸の目　大人になっても赤ちゃん

被害金額2339元（約4万7000円）という詐欺事件。通常ならば警察に通報してもまともに取り合ってもらえそうにない金額かもしれません。ましてメディアが報じるなんてなかなかないでしょう。でも「愛人に応募して騙された」と聞けば、俄然身を乗り出して「わけ」を知りたくなるのが人情。

「愛人」も「愛人募集」も公序良俗に反する行為で、十数年も社会倫理教育を受けてきたはずの新卒の女子大学生がそれに「応募した」とは、私も最初驚いて理解に苦しみました。

事件の被害者である肖は、卒業が目の前に迫っても就職は一向に決まらず、「コネ社会」と言われる中国では、貧しい農民である両親は頼りにならないし、かといって能力のない自分が自力で生活費の高い大都市重慶で生きていくのは、大変なプレッシャーがあります。

とりわけ、いまどきの「一人っ子」世代は、貧しい家庭に生まれたとしても、けっこう大事に育てられていて、「何の心配もない」「何もしなくて良い」といわれ「赤ちゃん」のまま大人になり（中国語で「巨嬰——巨大な嬰児」と呼ばれる）プレッシャーに耐える精神力など育つわけもありません。

もう一度事件の経緯を振り返れば、本事件の一番の背景は「就職難」なのですが、一方で肖の「巨嬰体質」がいろんなところに現れています。

たとえば、肖は「愛人募集」を見つけて「目を光らせた。もし自分が応募して審査に通れば、このアパートに住まなくて済むだけじゃなく、きっと彼が開発した不動産物件から、好みの高級マンションを自由に選んで住むことができるに違いない」との言葉は、のちに本人が警察に話したもの。貧困と拝金主義のせいで、「ちょっと金をちらつかせればすぐ飛びついてくる女の子がいくらでもいる」という詐欺師の弁も聞いたことがあります。

そして努力するよりは「成功への近道」を探すというのも、また一人っ子世代の特徴ではないでしょうか。詐欺師が提示した月10万元のお小遣い、一年間勤めれば200万元のボーナスなどの「愛人待遇」を聞いて、肖が真っ先に思ったのは、「大企業の社長でも望めないような条件ではないか。これほど手厚い待遇ならばシンデレラのように暮らせるし、ルームメイトの鄭が今の会社で白骨になるくらい働いても手にできないはずだ」。楽にお金をもらって良い生活をする。そういう思いが周りの人と比べて更に「幸福感」を増すのでしょう。

当然、詐欺師が悪い。ただこの事件の加害者・石堅の供述——「〃愛人募集〃はある種

〝悪ふざけ〟のつもりで投稿したが、まさか引っかかる人がいるとは予想もしていなかった」を読めば、やはり被害者に反省すべき点が多いように思えました。

事件2

俺は大富豪の息子のはずだ!

江蘇省徐州出身の曹小成《ツァオショウチャン》は2011年の秋、21歳で常州工業専門学校を卒業し、在学中からつき合い始めた同郷の恋人小月《ショウユエ》を連れて帰郷した。ともに就職がうまく行かなかった二人は、自分たちで事業を起こして経営者になるつもりで、それなら家族も知り合いもいる地元が良いと考えたのだ。

だが、2000年の初めころまで普通の工員として働き、のちに工場が倒産してからは小さな雑貨店を経営し、その薄利の収入で生活を維持してきた曹の両親は、人脈というほどの知り合いなど持っておらず、大して力になれるわけもなかったが、ただ曹家の後継ぎである一人息子に対してはどんな金持ちにも負けないつもりで、ありったけの愛情を注ぎ続けてきた。

夫婦は日夜にかかわらず懸命に働き、収入の大半は「息子の学費」「息子の携帯代」「息子のゲーム代」「息子のアディダスシューズ代」に消え、そして今は「息子に家を買ってやるため」「息子が結婚するため」に貯金しようと倹《つま》しい生活をしている。

愛情に浸り慣れした息子は、親がいつも口癖のように言っている「おまえは何も心配せんで宜しい。明るく健康に成長してくれれば、父さんや母さんはどんなに苦労をしても幸せだ」の言葉に素直に甘えて、ほしいものや食べたいものを何でも買ってもらって幸せを満喫してきた。

蜜に漬けられるように育った曹小成は、卒業する前に、小月と一緒に常州にある電子製品メーカーにインターンシップで入ってひと月働いてみたが、渡された給料袋を開けて中身を確認した瞬間落胆した。——700元（約1万4000円）余り。気に入りのアディダスシューズを買えるかも微妙な金額だ。

機械の前にじっと立って、流れてくる製品を検品して箱に並べるという単純作業を、1日8時間も続けるのも堪えられなかった。こういう仕事で人生が消耗されてたまるか。薄っぺらな給料袋を握って見合った二人、その時、視線の交わった際に「起業」の文字が浮かんだらしい。

話を聞いて、むろん小成と小月の両方の親も反対した。

「会社経営？　このご時世、誰もが起業したいと言うけれど、うちの団地のような豆腐一丁ほどの（狭い）ところに、10年前はうち一軒しかなかった雑貨店が、今じゃ便利店（コンビニ）やらスーパーやら10軒近くも増えて、売り上げはどんどん落ち込んでいるのよ。先月は4000元も下回って、今月はどうなるか……。あんたは社会経験も勤務経験もない学生だからいきなり社長になって上手くやれるはずないじゃないの」

「無理じゃない。だって俺、無学の父さん母さんと違って、学校で経営学も勉強したんだよ。できるって」

「できるって、何をやるの？」

「何でも。最先端の経営学理論を生かせばやれると思う」

「やっぱりわかってない。いま起業するよりかは一度どこかに就職して仕事を覚えながら、じっくり儲かる商売を見つけた方が……」

曹小成も計画がなければ説得できないことに気づき、頷いた。ならばすぐに儲かる商売を見つければ良い。

※　　　　　※

曹はさっそく小月を呼び出して、事業計画を練ることに。

「儲かる商売？　不動産開発に決まっているわ。我が国のＧＤＰが毎年十数パーセント成長しているのはすべて不動産のお陰だって言うのだから」

「ほお、不動産の会社を作ればいいのか」

そこで小月が、建設業に従事する親戚を思い出し、電話をかけて、「儲かる商売は？」と訊ねる。

「ベニヤ板の加工なら儲かるんじゃないかな」

親戚は言った。

「じゃベニヤ板加工工場をやろう」

二人はハイタッチして決めた。工場を借りたり機械を購入したり工員を雇ったりなど初期投資の所要資金を試算し、おおよそ40万元（約８００万円）の金額を割り出した。

曹小成はブランド品を着飾って、金遣いも羽振りよく振舞っているけれど、両親がギリギリの生活をしているのはわかっている。一方の小月も両親とも食肉加工工場で働く低収入の労働者で、娘に曹小成が金を使ってくれる分、曹の両親より、負担はほんの少しだけ軽いかもしれない。

二人は家に帰って各自の親に金をせびることに。いつもせびればすぐに金を出してくれた親たちだったが、40万元の大金を聞いてさすがに渋った。

「おまえが結婚するのに家を買わなきゃならないのに、40万元なんて無理だ」と、起業をあきらめるように延々と説得された。

曹も小月も「結婚は起業に成功しなければするつもりがない。経営者になる夢が実現できないなら生きていても意味がない、死んだ方がマシだ」と、決して引き下がらないで粘る。

話が生死問題に発展すると、親たちは一気に降参。一人っ子とは、夫婦だけのものではなく一族の希望でもある。

結局、曹の親は親戚中から借金をして回って20万元を集め、小月の両親も20万元を出してくれた。

半年後工場はめでたく稼働し始めた。曹は念願の社長になり、共同経営者の小月も颯爽《さっそう》とした姿でキャリアウーマンに変身した。

※　　　※

運び込まれた木材をひたすらベニヤ板に加工し続けるのだが、それらは出荷されることなく倉庫にたまって、やがて工場の外に溢れ出した。

どうも二人は、「儲かる」意味を、建築現場ならどこもベニヤ板不足の状態になっているると理解していたらしい。

製品の見本を持ってあちこちに売りに走り回るが、一目で「不良品」だとわかるようで、いずれも断られてしまう。

初期投資の回収はおろか、最初の3か月だけで、7万元がパーになってしまった。だが、起業するのも会社経営も初めてだから、初めは挫折するのも予想のうち。このままあきらめてはならない。

二人は高い給料を出してベニヤ加工のベテラン技術者を雇い、ベニヤ板の品質改善を図った。にもかかわらず、製品は一向に売れず、年度末総決算の際、損失はすでに10数万元に上った。

人件費やら材料費やら倉庫代やら資金をもっと投入しなければならない。しかしそんなタイミングで父親が過労で倒れて病院に運ばれてしまった。

癌の疑いがあるというので、検査入院しなければならない。入院費を工面しようと、母親はまた借金に奔走し始める。

にっちもさっちもいかず、廃業を考え始めた曹は、ある日帰宅すると、母親もソファにうなだれて虚ろな目でテレビを眺めていた。

ちょうど夕方のニュースをやっていた。常州の「建設王」と呼ばれる韓良《ハンリャン》という実業家が、数百万を慈善事業に寄付したことでインタビューを受けていた。

「あれ、この人?」

建設王の顔を見たとたん、母親は大変驚いた様子で声を漏らした。

「知り合いなの?」

直感が働いた曹は訊いた。

「いや、ちょっと」

「知り合いだよね。韓社長は常州の建設王だから、知り合いなら一度訪ねて営業してくれよ」

「そんなことはできないわよ。高校の同級生だったけど、もう25年も会ってないし、向こうが覚えているかどうかも……」

「覚えてなくても、同級生と言えば懐かしくなって思い出してくれるかもしれないじゃないか。それでベニヤ板を買ってくれたら、俺も倒産しなくて済むし、父さんの入院費だってできるんだから。母さんが行くだけで一家が破産から免れるかもしれないんだよ。頼むから一度訪ねてみてよ」

母親は折れた。しぶしぶながらも建設王を訪ねることにした。

※　　※

ミラクルが起きた。25年ぶりに母親と会った建設王は相当喜んだらしく、曹の「製品を全部引き取る」と受け合ったばかりでなく、毎月定量供給してもらうという契約まで交わしてくれた。

ほどなくして韓社長から「31万元（＝約620万円、ベニヤ板の売り上げ金）」が振り込まれた。まさに死地に活路が開いた。

母親と共に小成と小月は韓社長のオフィスを訪ねて、定量供給の契約を結んだあと、二人だけで豪華なディナーをして「業績」を祝った。

「あの二人、絶対にただの学友じゃないと思うわ」

シャンパンを啜《すす》りながら小月は言った。

「なんで？」

「考えてごらんよ。あんたのゴミ同然のベニヤ板を全部引き取ったってことは、金を捨てるみたいなもんじゃない。そんなバカなことを、25年も会ってないただの同級生がすると思う？」

一理ある。でも曹は頷きつつも戸惑っている。

「つき合ってたんだってことよ。もしかしてあんたは建設王の息子じゃないかな？　今夜お母さんに確かめると良いわ」

「は？　そういえば俺小さい頃から親父に似てないとか言われてた」

「でしょ、でしょ。私生児ってことは顔からもうばれてたわよ」

話は盛り上がって、ディナーが終わる頃には曹自身も自分が建設王の息子であることを信じるようになった。

帰宅してすぐ母親に確かめると、つき合っていたことを認めたものの、「自分がその息子なのか」と更に訊くと、思いもよらず「バカ息子、何言ってんのよ！」と顔色を変えて、激怒した。

「きっと知られるのを恐れて、怒ったのよ」

小成の報告を聞いた小月はお母さんの反応を分析し、証拠探しするために、建設王に接近して、髪の毛など、親子鑑定できるというＤＮＡサンプルを集めるしかないと言い出した。

それからというもの、二人は何かと口実をつけ、手土産を下げて建設王を訪ねるようになった。あいにく、建設王はスキンヘッドでタバコも吸わないし、遺伝子情報に繋がるサンプルをなかなか入手できない。

あきらめない小月は、親子鑑定に詳しいという友人にアドバイスを求めた。「腹違いの兄弟でも鑑定できる」と知るや、彼女は建設王の家庭について調べ始めた。

建設王は自ら事業を起こし、成功するまでにかなり苦労をして時間もかかったためか、結婚したのは30歳過ぎになってからだった。奥さんは美人で、彼より10歳も若く、一人息子はまだ中学生である、とのこと。

二人は建設王の妻子に接近するために何かと口実をつけ、手土産や中学生男子が好きそうなものを買ってその家を訪ねて息子と遊んだりして、仲良くしようとする。つい息子の髪の毛が6本手に入った。

２０１４年3月、二人は車を飛ばして上海に向かった。曹が建設王の息子の髪を自分の髪と一緒に、あらかじめネットで予約した「上海××生物科技鑑定中心」に提出し、１２００元の鑑定費用を払って検査を依頼したのだ。

一か月後に結果報告書が届いた。曹が震える手でそれを開けてみれば、案の定「二名の被鑑定人が、同一父親から生まれた確率は99・999%である」と書いてあった。

※　※

確証を手に握った。実の父親が大富豪、なのに自分はずっと貧しい家で育てられて、お坊ちゃま生活をまだ1日もしていない。そんな不公平があっていいはずがない。とにかく建設王に会って話さなければ……。

4月末、二人はまた建設王を訪ねた。簡単な挨拶を交わして曹はDNA鑑定報告書を出して見せた。

建設王は驚いて、「不可能、不可能（あり得ない、あり得ない）」と連発し、全く認めようとしない。

「お父さん、僕との関係を隠したければ、公にしなくても良いです。僕が息子であることさえ認めてくれればそれで十分です」と曹は言った。

「とんでもない。おまえどうやってこんな偽物を作ったんだ。まさか母親に言われてやったのか？」

建設王はますます怒って叱責する。

自分の母親まで侮辱されたように感じた曹もついに怒りを覚えて、男なら自分のやったことに責任を取れだの、父としての扶養義務だの無情だのと咎め出した。

「母親を呼べ。お前が誰の子か彼女がよくわかってるはずだ！」

横でずっと争いを眺めていた小月は、タイミングを見計らって割って入ってきた。

「韓パパ、そう怒らないで。私たちだってこんなことを公に知られたいわけじゃないんですよ。ただこれまで小曹を育てていない代わりに、多少補償を払ってくれても良いように思います」

「補償？」

「そう多くは言わないから、貴社の株30％を曹の名義にしてくれれば……」

「は？　おまえらみたいな青二才が俺を脅すのか。とっとと出ていけ。二度と俺の前に現れるな！」

ちょうどその時、建設王の妻が騒ぎを聞きつけて入ってきた。

「何があったのか」と訊かれて、曹も衝動に任せて鑑定書を見せた。

鑑定書を読みながら、やがて曹は夫が初恋の恋人に産ませた私生児であると知り、どうりでこれまで何の見返りも期待せずに曹を助けたはずだと思い込んで、憤然と鑑定書を夫の顔に叩き付けて出ていった。

妻の後ろ姿を見て、建設王はどうにも堪えられなくなった。彼は秘書に電話し、車で曹の母親を会社まで連れてくるように命じた。

間もなく曹の母親が来た。「息子が鑑定書で建設王から金を脅し取ろうとしている」という経緯を聞いて、全身の力を振り絞って息子の顔を二発叩いて、その腕を引っ張って無理やりに家に連れて帰った。

退院して自宅で静養している曹の父親は、母子の様子がおかしいことに気づき、訳を訊くと、曹は「自分が私生児であること」を包み隠さず打ち明けたのだった。

癌になるくらい心血を注いで育てた息子が「私生児」だったというショックで、気絶しそうになった父だが、気を取り戻すや妻に問い詰める。

曹は親の喧嘩を止めるどころか、そこにいることがむしろ火種になると考え、小月を連れて外に出た。

翌日になって、「母さんが死んだ」と父から電話で聞いて家に帰ってみると、ベッドに横たわった母親はもう冷たくなっていた。殺虫剤を飲んで自殺したらしい。枕の横に遺書があった。

「私は高校時代、韓さんとつき合っていたが、手を握る以上のことは何もしておらず純潔であったこと、結婚後ずっと夫に忠実であったこと、息子が私生児ではないこと、韓さんからお金を脅し取るように息子を唆《そそのか》してはいないこと、などをこの死を以て証明する」と書かれていた。

母親が死んだ。己《おのれ》に起きる不幸を処理できぬ父親は半ば発狂した状態で、「息子」を見ると目がワニのように怖い色に変わる。更に曹小成の祖母は長いこと病弱で、娘の自殺が知らされ、ショックで心臓発作を起こして病院に運ばれるのを待たずに息を引き取ってしまった。

※　　　　※

むろん建設王も〝初恋の人〟が死んだと知った。悲しんで、ふとこうなったのは「DNA鑑定報告書」に起因することに気付いた。何か怪しい。

数日後曹は建設王に呼び出され、鑑定を依頼した上海の鑑定中心を訪ねることに。受付の若い男性が二人から事情を伺うと、今日鑑定師がいないので、2日後にもう一度来るように言った。

2日後二人は再度訪ねると、果たして鑑定中心がすでにもぬけの殻になっていた。近隣に聞いてみると、どうやら鑑定中心は、上海交通大学医学博士課程在学中の学生三人が、近くの病院でインターンで仕事をしながらやっていたもので、インターンが終わって、中心も畳んだらしい。

曹は当初鑑定について問い合わせした時に、携帯番号を一つ教えてもらっていたのを思い出し、それにかけてみる。すると、電話口に黄と名乗る男性が出てきて、「もう辞職したので、用があれば直接中心に連絡してください」と言った。

死者が出て、警察に通報するつもりでいると話すと、黄は怯《おび》えて鑑定の真実を告げてくれた。

黄は同窓の王《ワン》某《なにがし》、余《ユウ》某と一緒に上海のとある病院にインターンで入ったが、働いているうちに、将来の就職につながりそうにないことがわかり、仕事への不安と上海での高額の生活費に窮して、病院の設備を利用して一儲けできるんじゃないかと思いついたのだった。

そこで医学関係のビジネスで、簡単で素早く儲けるにはＤＮＡ鑑定が良いと見て、「上海××生物科技鑑定中心」を立ち上げた。一応工商登録（会社登記）はしたけれど、「医療専門鑑定」のライセンスを取得できないまま営業し始めた。

ネット上で広告を出すと、依頼が殺到したのは予想外だった。何せ病院の設備をこっそりとしか使えないので、鑑定するのに時間がかかった。

曹から鑑定依頼を受けた時も、病院の鑑定機器はずっと使用中で、こっそり使う隙が見つからず、三人は困っていたが、一方の曹は気持ちが急いていたせいで、毎日のように催促の電話をかけてきていた。

焦った王某は、親子鑑定する者はたいてい、実の子じゃないことを疑っているものだから、同じ家族だとわかればきっとほっとするだろうと考えて、「被鑑定者の二人は父親が同一である確率は99・999％」の鑑定書を偽造し送りつけた。

偽りの鑑定書で母と祖母を死なせ、実の父親を発狂させた曹も小月も、自分の愚かさと貪欲さを悔んで、自責の念からられた。

その後建設王は、「曹とは無関係である」ことを明らかにするために彼を連れてDNA鑑定の権威という上海の中山病院に行き、鑑定してもらうことに。

報告書は1週間後（2014年5月中旬）に届いた。「被鑑定者の二人に、生物学的な父子関係は認められません」。

楊逸の目 中国は史上初の「一人っ子社会」

茶番劇にして悲劇。この悲劇を起こした主人公、曹小成と小月の二人に、どうにも同情の気持ちを持てないのは私だけでしょうか。二人が起業する経緯を見れば、中国の「就職難」問題のもう一つの側面を覗き見ることができます。

一人っ子として生まれてから、一族の未来を担う「役割」もあって、「苦労させてはならない」「何もしなくて良い」「ほしいものを買い与えなければかわいそう」「明るく健康に育ってくれれば十分」などという親の育て方によって、働くことはおろか靴ひもさえも自分で結べないほどの「巨嬰」（大きな赤ん坊）が、2000年以来増加し続け、「一人っ子世代」はやがて中国を「一人っ子社会」にしました。

働かなくても、物欲や贅沢に浸る暮らし方には慣れている。それは経済的に余裕のある家庭か否かに関わらず、むしろ下層の貧しい家庭ほど、子どもへの「溺愛度」が高いような印象も受けます。要は親の代も自分の代もやり遂げられなかったこと、「リベンジ」を我が子に期待し、その分の「愛情」がプレッシャーに変換したのではないでしょうか。

曹と小月はその類《たぐい》の一人っ子に属します。専門学校を卒業する前に、二人ともひと月ほど工場で働いたけど、――単純労働に安い給料――ずっと「小皇帝」のように扱われてきた自分たちがするような仕事ではないし、収入も希望額と差がありすぎて受け入れられませんでした。

経営者になれば裕福な生活ができるとばかりに、あとさき考えず、親の説得も無視して起業しました。このような、「就職できなければ自分で起業する」という若者は決して少なくなく、近年の中国の起業ブームを支える裏事情でもあります。

彼らが持つ「アイデンティティ」的なものは、自分が貧しい出身であるとか、頑張って苦労して人生を切り開いていく運命であることを受け入れられないし、また小月が「曹が建設王の私生児」であることを望んで説得するのも、曹がいとも簡単にそれを信じて証拠探しを始めた行動も、「金欲」という魔物に突き動かされてのことでした。

そしてデタラメの鑑定報告書を作った三人の医学博士に見る「職業モラルの欠如」からもまた、あらゆる隙間から活路を見出そうとする「ネズミ根性」に蝕まれている社会の現実が一瞥できました。

事件3

車のナンバーのために離婚、結婚を

生粋の天津っ子である張海《チャンハイ》。2010年大学卒業後、自ら新天地を切り開く夢を持って上京した。ときの北京はPM2・5による大気汚染が深刻化していて、青空も日差しも滅多に見られなくなっていた。とりあえず友人のアパートに身を寄せた彼は、やがてある広告代理店の営業職に採用され、働き出した。

2年間で営業成績も上がって、業界の仕組みについてもだいぶわかってきた頃に、「富二代（金持ち二世）」の古い友人劉某《リュウなにがし》に、「広告メディアの会社」を一緒に立ち上げないかと誘われ、起業した。

北京市内は家賃が高いため事務所を郊外の昌平区に借りることにした。交通の便は甚だ悪い。その上営業であちこち飛び回って時間もかかるし、タクシー代もバカにならない。事情を総合的に考慮し、車を買うことにした。

北京で車を買おうとするなら、まず抽選で「買っても良い」という権利を獲得する必要がある。相当倍率が高く、人によっては十数回やっても当たらない者もいる。だが張はたったの一回で当たった。北京ナンバーを手にすると、アウディA6を買った。

しばらく仕事に没頭し、徐々に経済的にも余裕を持てるようになって、2016年の秋、友人の紹介で同じ天津から来たある外資系企業で働く麗麗《れいれい》とつき合うようになった。

すでに而立《じりつ》の歳（30歳のこと）になっている。親も当人たちもそろそろ結婚しなきゃと考えて、麗麗の両親に会いに行って結婚を申し込むと、「君が家も買っていないのに、娘をやるわけにはいかん」と断られてしまった。

張の両親はともに製薬会社に勤めていて、平均に比べれば収入は少し高いけれど、北京で家を買えるほどではない。しかも病気がちの母が薬漬けで年中通院していて、高額の治療代を払っているし、父ももうじき定年になるので、これから収入が減っていくのが目に見えている。

一方の麗麗の両親は大学の教職員ではあるけれど、結婚する前から婿に貯金を使わせるようじゃ面目が立たない。

そうこうしているうちにも北京の家の値段はうなぎ登りに高騰していく。そんなある日、麗麗は同級生呉某《ウーなにがし》の結婚式に招待され、天津に戻った。式のあと、新婚生活を見せてくれるというので呉の新居を訪ねると、100平米超というその新築マンションは日当たりにせよ眺めにせよロケーションにせよ申し分なく、肝心の値段を訊けば、北京よりずっと安いではないか。

「これなら彼でも買える」と、麗麗はピカッと閃いた。

帰京して、さっそく張に「天津に帰って家を買って結婚しよう」と提案すると、反対されなかったので、そこで結婚計画を立てることにした。

張は今共同経営している会社の株を相方に譲って、その金をもとに天津で同じような会社を興す。その間に、麗麗は北京での仕事をやめて天津に戻り、家を買って新居の内装や結婚の準備などをする。

計画は順調に進められた。二人は天津の海河《ハイフー》沿いに150平米もあるマンションを買い、張はその近くで広告メディアの会社を開業した。2017年5月、二人はめでたく結婚した。

むろん天津に引っ越す際に、張は愛車のアウディA6を運転して帰ったが、ただ天津も2015年末から北京同様、「ナンバー制限」が設けられた。天津ナンバーでない車で出かけるには、「特別許可書」が必要なので、張の北京ナンバーの車をまったく使えない。

天津ナンバーに替えるために、天津市自動車管理所に行って手続きをする必要がある。「天津でも、車を買うのもナンバープレートを変えるのも抽選しなければならず、倍率は北京に負けないくらい高い」のだという。

職員の一人が、張の北京ナンバーを見て、うらやましそうな表情を浮かべ、「北京ナンバーは天津よりずっと高いから、ネットで良い取引ができるかもよ」と教えてくれた。

帰宅後、ネットの車愛好者の交流サイトを調べてみると、初めて「京津ナンバー交易クループ」なる集いが数十もあるのを知って驚愕する。

とにかくそれに登録し、自分の事情と車やナンバーに関する情報を書き込んで、恰好な取引相手を探すことに。

色々見ていけば、「天津ナンバーのベンツE320と、北京ナンバーの車を交換したい。車のブランドや値段など一切気にしませんが、ただ取引方法は偽装離婚、結婚によって行いたいので、興味のある方はご連絡ください」という書き込みを目にした。

ベンツE320に自分のおんぼろアウディA6。開きがありすぎる気もしたけれど、先方が「気にしない」というなら、話だけでも聞こうかと考え連絡した。

返信がすぐに舞い込んできた。「私のベンツは買って半年も経っていなくて、大事に使っているし、ほぼ新車なんだ。あなたのアウディは結構年数が経ってるようで、いくら北京ナンバーが天津より高いと言っても、損するよな」と。

話し方からなんとなく「正直者」のような気がして張は好感を覚え、「なぜ北京ナンバーがほしいのか」を訊ねた。

※　※

相手の45歳の康碩《カンソー》も張と同様、生粋の天津っ子である。祖父の代から「滷貨（燻製食品）」の商売をしていたので、彼が成人すると、家伝の味を受け継ぎ、「康氏食品有限会社」を立ち上げ、大成功している。近年チェーン店がたくさん増え北京にも5店舗ができて、更に拡大する傾向にあるため、しょっちゅう出張で上京しなければならない。

しかし北京は外地ナンバーの取り締まりが厳しくなるばかり。上京するたびに「入京証」を申請しなければならず、「北京ナンバー」さえあれば、そんな「面倒」が一気に消えてなくなる。

2016年、彼は友人の「車交換」というアドバイスを聞き入れて、ネット上で王某《ワン》の「当方2013年製のBMW7シリーズ、北京ナンバー車を保有、天津ナンバーの車と交換希望」という告知を見つけた。

話してみたところ、「車を交換した後、万が一事故などが発生した場合、各自が責任を負い、決して元の車所有者に損害を及ばせてはならない」ことに王と合意し、「覚書」も交わした。

しかし、車を交換して間もなく、王は電動自転車をはね、ハンドルを切りそこなって激突し、死亡してしまった。そして電動自転車に乗っていたサラリーマンも死んでしまった。その男性の家族は事故を起こした王の家族に対し、100万元（約2000万円）の賠償金を求める裁判を起こした。

王の家族に賠償する経済力がないことが判明すると、被害者家族は今度、実際の車所有者である康に賠償請求をした。

法廷で証拠として「覚書」も提出したが、「法的効力」が認められず無効。そればかりか、そのせいで保険会社から賠償金払いを拒否されるという展開になってしまった。

調停やら話し合いやらを散々やって、100万元の賠償金を、康と王の家族とで折半することでようやく折り合いがついた。

「車交換」で痛い目に遭った康は、なんとしても「名義変更」すると決心した。その方法とは、こうである。張はまずアウディを妻麗麗の名義にしてから離婚し、康も今の妻と離婚した後、麗麗と再婚して、自分のベンツを麗麗の名義に変更し、麗麗名義のアウディを康のものにするという「財産分割」を行ってから離婚する。それからそれぞれが元妻と復縁するというものだ。

だがそういうことをするには、金持ちの康には「財産リスク」があり、金持ちでない張には「初々しい新妻が金持ちと駆け落ちする」リスクがあった。

康の妻も賛同しなかった。というのは、彼女の身近にマンションを買うためや車を交換するために偽装離婚したカップルがいて、その中に、愛人と一緒になりたいために妻を騙した者も少なからずいるからだ。

慎重に慎重を期して、二つの家庭は「意外な展開」にならないように綿密に計画した。

※　※

会社持ち（多くのチェーン店も）、家持ち（天津と北京で数軒も）の康は、離婚する前にすべて息子の名義に変更して自分が無一文になると言って、なんとか妻を説得し、アメリカ留学中の一人息子を呼び戻して手続きを済ませた。

その間、張も子作りに励んで、妻が懐妊した。

康が離婚するのを待って2017年7月16日、張海も離婚。6日後の22日、康と麗麗が結婚してベンツを麗麗名義にした。ただ北京ナンバーのアウディの名義変更手続きは、北京でやらなければならないので、二組の夫婦は8月13日北京自動車管理所で会うことを約束した。

だが翌晩に康から「妻が心臓病で倒れた」との連絡が入って、計画を延期せざるを得なくなった。ところが康の妻はその後、心臓発作で死んでしまったのだ。葬式などをすませて、康は「8月17日に手続きする」と張に連絡した。

17日朝早く張は妻とともにアウディを運転して北京に向かった。通常ならば一時間ちょっとで着くはずだったが、渋滞に遭って3時間余りもかかってしまったが、幸い手続きは思いのほか順調に済んだ。

張がアウディを康に引き渡して、電車で天津に戻ろうとすると、康は妻を亡くしたショックと葬式などにも忙殺され、過労もあってこのところ風邪気味で薬を飲んでいる、そのせいで頭痛とめまいがして車の運転に不安がある、大事な会議を控えているので急いで天津に戻らなければならない、張もどうせ戻るなら、アウディを運転して一緒に戻ってくれないかと提案した。

張は快く頷いた。その場で「友人との約束で数日北京に留まって遊ぶ」予定の麗麗と別れ、男二人、車に乗り込んで天津に向かって出発した。

時間はすでに夕方。京津塘《チンチンタン》高速道路は混雑していた。一時間ほど走って廊坊に差し掛かったあたり、仄暗い街灯の中、突然道を横切る人が見えた。目いっぱい右にハンドルを切ったが、次の瞬間、コントロールを失ったアウディは高速の中央分離帯を飛び越えて、対面から走ってきた大型トラックと激突。

意識を取り戻した張は、頭の流血や体の痛みに耐えつつも、横転した車から這い出した。すぐ路上に投げ出されて意識不明の康に気づいた。近づいて手をその鼻にあてると、息をしていて、かすかに「助けて」とつぶやいた。

救急車を呼ばなきゃと張は携帯を取り出し、番号を押そうとしたその時、ふと、「この人は大富豪だ。つい数日前に妻に死なれて、一人息子が海外にいる。ここで死ねば、まだ離婚手続きしていない麗麗は彼の妻で、その息子と同等の相続人である」と思い至った。

横に横転したトラックの中の運転手を見れば、やはり意識不明の重体だった。闇の中、彼はためらわず、両の手で康の首を絞めた。

※　　　　　　※

通報を受けて駆け付けた警察は、現場検証して「異常なし」ということで普通の交通事故として扱ったが、のちに検死によって、康の死体に打撲、骨折、脳内出血などがあったものの、死に至るほどのものではなく、肺に大量の出血斑があったため窒息死の疑いが出てきた。

警察が張を呼び出し、事情聴取すると、ついに犯行を自供した。知恵を絞ってうまいこと車を交換できたはずが、欲をかいたために殺人犯になって全てを失ってしまったのだ。

楊逸の目　人治国家の非情

「中国人は、出生時の〝病床奪い合い〟から、死んだ際の〝墓地争い〟まで、資源の奪い合いに人生をつぎ込んでいる」と、かつて駐中国アメリカ大使のゲイリー・フェイ・ロック（Gary Faye Locke）が言ったそうです。

私たちは、「中国は地大物博《じだいぶつはく》（土地が広く物が豊か）の国だ。資源が歴史や文化とともに他国より優れている。優れているがゆえに外国列強に狙われていじめられてきたのだ」と教育され育ちました。これを若い頃の私は疑いもせず、「中国の富強」に貢献できる人材になりたい一心で日本に留学しました。

私が中国の矛盾に気づいたのはいつ頃だったでしょう。日本での生活が長くなるにつれ、中国社会の理不尽ぶりが度々目についても、あえて鈍感な生き方を選んで、ずっと気づかぬふりをしてきたのかもしれません。

娘が小学生の頃、帰郷したときのことです。東京からハルビンへの直行便がなかったので、飛行機で瀋陽まで飛んで一泊し、翌日の列車に乗るつもりでした。

瀋陽に降り立ってすぐ、空港のサービスカウンターに行き、ホテルを取ろうとしました。ホテルのカタログを見ながら、一軒を決めて、手続きしようとパスポートを見せたところ、「中国国籍の人は、パスポートじゃなく『居民身分証明書』でなければなりません」と言って、私の中国パスポートを一瞥しただけで、押し返されました。

日本が生活根拠地となって十数年、『居民身分証明書』はとうに回収されたというのに。とっさに傍に日本籍の娘がいることを思い出し、「外国人は？」と訊ねました。

「外国人ならパスポートでＯＫ」

というので、娘のパスポートを見せました。

男性はそれをしばし見つめてから、「未成年の方は、ホテルを取ることが禁止されています」

「母親の私が一緒だから」と言うと、「中国人なら『居民身分証明書』を」と。

堂々巡りして小1時間、男性は周りに聞こえないような小声で、「僕の友人の『居民身分証明書』を使って予約してみようか」と提案。ただ希望のホテルではなく、いかがわしい個人経営のホテルを勧められました。

もう「泊まるところさえあればどこでも」という気持ちになっていたので、そのホテルに行くしかありませんでした。もともとの色柄もわからないほど汚れた絨毯とトイレが詰まってひどい臭いのする部屋でした。

車のナンバーを巡る事件にも、私のパスポートが身分証明書として認められなかった話にも、「中国では法律違反しなければ問題解決できない」という共通点があります。

改革開放を打ち出した鄧小平時代から、ずっと「法治」を叫んできたにもかかわらず、中国は「人治」国家から抜け出せていない。党の中央幹部にせよ地方幹部にせよ、何か思いつきで一言を発すれば、人民は骨身を削る思いを強いられてしまう。

また権力を手に握る者はなぜかみな、思い付きで障碍を作るのが大好きなようで、人民の生活に関わるありとあらゆる場面に次々と障碍を作って困らせるのです。

中国人だって生まれた時の「病床奪い合い」、死ぬ際の「墓地争い」をしたいわけではない。でも権力者はわざとそうするように制度を作っているとしか思えません。中国が「地大物博」であるのも偽りではないです。でもそれらは「国家の名義」を冠した独裁権力者の「私有財産」で、人民には何の関係もない。むしろ「人民」も彼らの「私有財産」の構成物ではないでしょうか。

第二章

利益は自分、責任は他人

事件4 ミリオネアの夢

1983年瀋陽生まれの王林《ワンリン》は、5歳の時に母を亡くし、父子家庭で育った。2006年に大学を卒業し、某布芸有限会社（衣料品加工メーカー）に就職した。再婚もせずに自分を育ててくれた父に報いるために、仕事に没頭し出世を目指していた。

そんな努力の甲斐があって入社してまだ1か月、王の営業成績は突出して優秀だったので、相当額のボーナスが出て、2600元（5万2000円）ほどの給料を手にした。東北部の大都市でも平均月収はまだ1000元に満たないという当時、破格の収入を得て、王の喜びは計り知れなかった。

給料には手を触れず、そっくり父に渡したが、父は「全部貯金しておくよ。将来おまえが結婚するときに家も買わなきゃならないしね」と言いながら、息子の成長に感激して、給料袋を握る両手が震えていた。

父の苦労とこれまでの辛い生活を思い出すと、王林も感激して、涙をこらえながら、「僕はもう立派な大人になった。金を稼いで5年以内に絶対に家を買うから、父さんは心配しなくていいよ」と答えた。それからというもの彼は本業のほかアフターファイブや週末も休まず、バイトをするようになった。

まる3年間、寝食を忘れて働いた。２００９年の春にはみるみる10万元台に膨れ上がった貯金に、友人から更に数万元を借りて19万元（約３８０万円）の頭金を払い、住宅ローン（40万元余）を組んで、ロケーションと生活の便も良い瀋陽市内の新開発区に90平米の新築マンションを買った。

ぼろ家から立派な新居に引っ越した日、父子二人は珍しく、「山珍海味」を買ってきてごちそうを作り、酒を酌み交わして盛大に祝った。

「再婚して余生こそ幸せになってほしい」を勧める息子に、父は逆に「お前こそ、早く彼女を見つけて結婚してくれ。父さんは孫の面倒を見たいんだよ」と思いやるのだった。嫁と子どもの笑い声が聞こえる生活を思い描く二人は快く酔って、夜を明かした。

※　　　※

新居での暮らしが始まり、幸せになるはずだったが、長年の苦労が祟ったのか、父親は体調を崩して、日に日に弱っていく。病院に連れて行き精密検査をしたら、「重度の尿毒症」に罹《かか》っていて、腎臓移植するほか、もう助かる道がないというのだ。

腎臓移植費用30万元。月4000元も住宅ローンの返済に消えてしまうのに、王はそんな大金をどこから捻出すればいいかと頭を抱えてしまった。

新居を売るという道もあるけれど、何せ買ったばかりなので、値段は大して上がっていないうえ、内装などにかかった6万元を損してしまう。かといって父親を助けないわけにはいかない。新居より、もし自分が売れて金になるなら躊躇なくそうするのに……。

ふと、マンションを担保にして布芸の社長周鵬飛《ジョウパンフェイ》に借金を申し込んでみようと思いついた。

王の仕事ぶりを認めてくれている周社長はまだ35歳、年齢が近いこともあって普段から気軽に話せる上司である。自分が困っていると知れば、きっと力になってくれるだろう。

2009年10月のある日、淡い期待を抱いた王は出勤してきた社長について社長室に行った。

「父が尿毒症で今入院中でして、腎臓移植に手術代50万元がかかるんです。貸していただけないでしょうか。買ったばかりのマンションを担保にと思っていますが。市場価格70万元のマンションを担保に50万元を貸していただけないでしょうか？　もちろん住宅ローンは僕自分で返済しますし、もし貸していただけるなら、僕は一生社長の元で、牛馬になって働きますから……」

周社長はしばし沈黙したあと、ようやく口を開いた。

「感動したよ。親孝行のキミを尊敬するよ。力にならせてもらおう」

「ほんとですか？　助かります。ありがとうございます。一生感謝します」

まさかこんな簡単に話がつくとは。王はいたく感激した。

「でも、マンションの担保なんて必要ない。ただその代わりに、俺にも助けてもらいたいことがあるんだ」

周社長がなぜか表情を変え、急に近寄ってきて低い声でそう言ったので、王はちょっと不安になった。

「そんなに緊張するなよ。君に違法なことをさせるわけじゃないから。1年間俺の代わりになるだけで良いんだ」

「社長の代わりになる？」

周社長は戸惑う王を見てにっこりし、訳を告げる。

周社長は20代から起業し衣料品加工メーカーを経営し始めた。その手腕にちょうど中国のファッションブームも相まって、会社は順風満帆に成長し、10年ほどで数千万元の財産を築きあげた。

それから、成功したビジネスマンの「基本装備」と呼ばれる、「豪邸、高級車、愛人」を、周社長も何一つ欠けることなく手に入れたらしい。とりわけ彼が別宅でかくまっている若い愛人文々《ウェンウェン》が最近妊娠したことで、二人は今ちょうど「私生児」の誕生をどう迎えればいいのかについて知恵を絞っているところである。

そこで借金を申し込む王の条件を聴いて、周は閃《ひらめ》いたのだった。

というのは、中国の戸籍制度は世界一非人道的だと言われている。人口の移動が厳しく制限された上、一人っ子政策も加わり非婚生の子どもは、戸籍を取得できないばかりではなく、莫大な罰金も科されてしまう。戸籍がなければつまり、社会的な身分を持たずに生きるということになる。そんな子供たちは「黒孩《ヘイハー》」と呼ばれ、幼稚園や学校にもいけないし、成人後仕事にもつけない。

「文々と結婚の手続きだけ取って、子どもが生まれて戸籍に入れたらすぐ離婚すれば、将来きみの結婚や生活に何の影響もないし、報酬としてきみのお父さんの手術費の50万元をやるから、返済する必要はない。俺たち公平互助の関係で、互いに助かるわけだ。どう?」

周社長は顔に得意げな笑みを浮かべて、王に訊ねた。

偽君子だったのか。

途端に、目の前の、有能でかっこいい成功者として慕っていた社長像は、原型をとどめないくらい醜くゆがんだ。窮地に陥った自分が不義の片棒をかつがされるなんて……。渦巻く葛藤を極力抑え込んで、よく考えた結果、仕方なくその条件を呑むことにした。

Deal――この取引が、父親を助けたいという王林と、息子が合法的に生まれてきてほしいと願う周社長との間で成立したのだった。

※　※

数日後、王は周社長に伴われて地元の民政局に出向き、その愛人文々との婚姻届けを出して、「夫婦」となった。翌日銀行口座をチェックすると報酬の50万元が振り込まれていた。

さっそく30万元を病院に支払った。父親は望み通り腎臓移植手術を受けて成功し、順調に回復しているのを確かめると、更に10万元を引き出して、家の頭金として借りた金などを返済した。

残金はあと10万元。父が退院したら、良い人を見つけて再婚させてあげる費用として取っておいた。

その間中、周社長は王を見かければ、「お父さんの手術はどう？」とか「看病と仕事を掛け持ちして大丈夫なのか？」とか訊いたり、給料に業績以上のボーナスを上乗せしてくれて何かと気遣ってくれるのだった。

しかしそう気遣いされるたびに、王は心底の穏やかさを失っていく。

偽君子。クズ男。こんな品行の悪いヤツなら商売にもきっと汚い手口を使っているに違いない。汚い金で若くて無垢の女の子を口説き落として、汚しただけでなく、善良の自分も弱みを突かれて不義に利用された。

病気の父を助けるために折れた自分が哀れだ。なのにヤツは汚い金を見せびらかして優越感を味わっている。こんな極悪人がいて良いはずがない。

懲悪揚善（悪をこらしめ善をすすめる）。――これは自分の使命ではないか？　そう、きっとそうだ。

そう思いついた王は動き出した。

２０１０年の初夏、だいぶ快方に向かっている父親から少し解放された王は、文々の出産予定日と離婚の頃合いを見計らったうえで、弁護士事務所に相談に行った。「妻が産んだ子どもが自分の子でないことがわかって離婚する場合の賠償金はどうなるのか」と。

回答はいずれも似たり寄ったりで、「妻の不実を証明できる確かな証拠を提示するか、DNAテストを求めることもできる。ただその場合は妻と子どもの同意が必要なので、刑事事件でなければ強制できない。また賠償金に関しては、妻の経済力を考慮して、相応額を決めるもの」との内容だった。

戸籍上の妻である文々は貧しい農家の娘、数年前に瀋陽に出稼ぎに来て間もなく周に出会い、愛人にさせられた。その後すぐにバイトを辞め、周の借りた高級マンションに住み、貴金属やブランド品を身に纏《まと》って、チャラチャラして遊びまわっているけれど、彼女自身はしょせん無収入で、離婚裁判に「他人の家庭を破壊した不倫相手として」周社長を引き摺り込んでも、取れる金額はたかが知れている。

どうもあまり役に立たない法律を自分の味方にするよりは良い方法があるに違いない。王は蜜柑からジュースをしぼり出すように脳みそを使った。ついに「離婚することに値段をつける」アイデアが思い浮かんだ。

果たして文々は順調に出産した。母子ともに外気に触れても丈夫というひと月を待って、王は周社長に呼び出されて、その「一家」と一緒に役所に出生届を提出した。

「来週は離婚届、よろしくね」

ご満悦の周社長に肩を叩かれた王は、真顔になって「その前に一度お話をしたい」と申し出た。

10月末。町中の枝木は枯れて落葉が埃と共に舞い、まるで人情の酷薄さを物語っているような景色の頃に、直談判するつもりで社長室を訪れた王は、ソファーに座るなり「離婚するつもりはないです」と言い出した。

「何？　どうして」

訝《いぶか》し気な表情の周社長は状況を摑めず、ただ彼の顔をじっと見た。

「離婚はしないです。これから、きれいな妻、生まれたばかりの可愛い赤ちゃんと一家団欒を楽しみたい」

「王林、何を言っているんだい？　俺をゆするつもりか？」

「はは、さすがに悪徳商人、この手のことについて心得があるんだな。離婚してほしいなら400万元（約8000万円）出すんだね」

「俺をゆするなら、おまえ命を惜しんだ方が良いぞ」

「そんなのはもう考えのうちだ。あんたとのこと、証拠のすべてをファイリングして友人に渡した。やれるもんならどうぞ」

一回目の談判は結果無しに終わった。

※　　※

数日後、王は、呼び出されて文々の待つ高級レストランの個室に赴いた。

お茶を啜ろうとしたときに、対面の文々はむっくと立ち上がったと思いきや、自分の真ん前に出てきて跪《ひざまず》いた。

「王さん、これ以上もう周を脅さないで。お願いだから。あたしが弱い立場にいるってこと、あなたもご存知でしょ。あたしが男の子を生んでから捨てようと、彼は最初から企んでいたんです。だから王さんにゆすられているから、いっそのことおまえは彼の女になればいいって言われたんです。王さんは正義感の強い善い人だってことはわかっています。だからお願い、あたしを助けるつもりで、離婚してください……」と泣きながら、頼んできた。

「苦肉の策を使いやがって」

すぐ相手の企みを見破った王は、内心ますます周を軽蔑し、やつから必ず大金を脅し取る決心を固めた。

「捨てられるって？　ならちょうどいい。僕と一緒になれよ。僕には彼女がいないし、子どもも好きだし」

「そんな無理おっしゃらないで。あなたには手術したばかりのお父さんがいるでしょ？　周に捨てられたら私は今のマンションを追い出されて、赤ちゃんを連れてどう生きればいいの？」

「うちに引っ越して、赤ちゃんと一緒にオヤジの面倒も見てくれれば、僕は金を稼いでくるよ」

「だけど、あたし、あなたを愛していませんよ。あなたも、あたしを愛してはいないでしょ。息子だってあなたと何の関係もないし……」

「気にしないさ。愛情ってもんは一緒に暮らせば芽生えてくるもの。だってきみはこんなに美人だもん」

言いながら、王は文々に近寄り、その涙で濡れた頬を抓《つね》ろうとでもするかのように手を伸ばした。

文々は驚いて後ずさり、表情を一変させた。

「触らないで！　離婚してくれなければ、裁判を起こすわよ」

「けっこうじゃないか。離婚しても子どもの親権は僕が持つように、裁判戦略はすでに練ってある。息子がいなければきみはそのうちほんとに捨てられるんじゃないかな？　きみは僕の前で哀れな愛人を演じるより、４００万元を僕に払うように周を説得するのが得策だと思うよ」

二連敗。

焦る周社長。４００万元は彼にとって実は「すごい大金」というわけでもなかった。ただ金を脅し取るために「契約」を破った王を許せない上、脅しに屈して金を払うなんて納得いかないし、万が一この一件が他人に知られたら面子丸つぶれで、「若くて有能な実業家」というイメージも傷ついてしまう。

彼は弁護士に相談すると同時進行で、そっち系のボスに頼んで王に恐喝や嫌がらせをさせた。しかし病人の父のほか失って心が痛むような弱みを何一つ持っていない王には、一切効果がなかった。

「靴を履いた人は裸足のヤツに勝てない（金持ちは貧乏の無頼には勝てるわけがない）」――

つまり400万元を払うのが一番損が少なくて済むと、弁護士と極道の両方から説得された。

2011年の年明け早々、王は周社長に電話をかけ、「10日以内に口座に400万元の入金を確認できなければ、文々の住むマンションに引っ越す。彼女は法律上僕の妻で、息子の戸籍にも父親の欄には僕の名前が載っている。今後僕の妻子に会ったら警察を呼ぶぞ」と、通告した。

周社長が折れた。400万元が振り込まれたのを確認した王は、今度こそ約束を守って翌日、1月17日に文々と離婚の手続きをした。

不義の男女から大金を奪い取った、という勝利を収めて、王は大いに喜んだ。懲悪の英雄である自分に惚れ惚れし、しばし酔いしれる。——昔の梁山泊の好漢然《しか》り、現代の革命児・毛沢東然り、彼らの称えられた壮挙は「劫富済貧《きょうふせいひん》」だ。金持ちから金を奪って貧しい庶民を救済し、社会の不公平を正したのではないか。極悪の周からもっとお金を取って、孤児院に寄付するとか、チャリティーで社会貢献しようじゃないか。

そう思いつくと王はまた動き出した。——今度ターゲットに絞ったのは周社長の妻だった。

彼はあの手この手を使って周の妻、張某《チャンなにがし》の電話番号を入手し、彼女を呼び出した。

「周社長に愛人がいて、この間男の子も生まれたってことご存知ですか？」

「は？」

夫に愛人がいるようだとうすうす気づいてはいたけれど、まさか私生児まで生ませていたとは……。張の妻はさすがに驚き、空いた口が塞がらない。

「愛人が若くて美人、息子も丸々と太って可愛いしね、旦那さんはルンルン生活を満喫していますよ」

「女と私生児の住所、知ってるんですか？」

「もちろん。知りたいですよね。３００万元の借用書を書いてくれれば、教えますよ」

いきなり３００万元の要求に、妻は躊躇した。目の前の男は、詐欺師かもしれない。

彼女の目から疑いを読み取った王はにやけて、空咳を一つするとまた口を開いた。

「金持ちの周社長と離婚すればどれだけの財産をもらえるかは、彼が婚姻に忠実でなかった証拠にかかっているんですよね」

実際、妻の張も離婚することを考えていた。

権勢のある両親の元に生まれ育った彼女は平凡な容姿だったにもかかわらず、周の猛烈なアタックを受けて恋愛結婚した。娘の幸せを願って両親は、婿の周に資金を提供し人脈などの面でもサポートした。おかげで周は徐々に衣料品加工業界で頭角を現し、やがて一目置かれる存在にまで成長した。

成功するや否や、妻に対する周の態度は冷え込む一方だった。触れ合う機会も話す機会もめっきり減って家に帰ってこない。会社経営にも金銭関係にも一切手を触れさせてくれない。その両親も無視するようにもなった。そんな夫との結婚生活を修復することなどもう望まない。ただ離婚するならば財産を1元でも多く取ろうと考えて、探偵事務所に依頼したこともあるが、調査に気づいた周は会社の警備員に命じて、探偵を捕まえて殴らせたあと、その場で写真など証拠になるものをすべて奪って破棄した。

「あなたの証言が本当である証拠は？」

「これ離婚届、女は周の愛人だ。今すぐ金をくれとは言っていない。離婚後財産が手に入ってからで良いんだ」

王は、半信半疑の妻に離婚書類を見せながら、周社長との「取引」を話して聞かせた。

夫の裏切りを聞き終えて、妻はすっかり王を信用した。極力怒りを抑えながらも彼女は、「取引」を受け入れ、300万元の「借用書」を書いて捺印した。

2月中旬、王からもらった文々の情報を基に、張は従兄弟を伴い、夫の別宅の「家宅捜索」を行った。

夫はちょうど「在宅中」で、愛人と私生児と一家団欒のところだった。壁一面に二人のウェディング写真がかけてあり、私生児は夫をコピーしたような顔をしている。

ぱちぱち——カメラのシャッター音が響く中、不意を突かれた周社長は終始ポカンとしたまま、何が起きたかはわからない様子だったらしい。

その場で妻は事前に用意した離婚届と財産分割協議書を取り出し、周社長に突き付けた。

むろんサインするしかなかった。離婚を無事に成立させるために、その晩妻は親戚とともに別宅に居座った。翌朝周社長は半ば犯人が移送されるかのように、妻に連れられて役所に行き離婚手続きを済ませて、2900万元の財産は妻の手に渡ることが確定。

王の企んだ通り、数日後彼の銀行口座には300万元が振り込まれた。あちこちに借金を申し込んでいた自分が、1年足らずで資産700万元ほどの「懲悪英雄」になったのだ。

王英雄は50万元をチャリティー用の別口座に預け、残りの650万元を7000万元にするために、有望な衣料品加工業に投資した。

※　　※

会社を設立し、工場が稼働したのは２０１１年5月。王社長は名刺を大量に印刷し、周社長の下で働いていた頃に知り合った同業者を訪ね、あいさつ回りをする。営業してわずかひと月。オーダーが次々と舞い込んできた。低く設定した価格に魅せられたのか、かつて周社長のお得意様だったバイヤーは挙《こぞ》って王林に群がった。

動きだした工場の生産力を大きく上回るオーダーなのだが、王は多くを考えずとりあえず、すべて引き受けた。それからは自分の工場を抵当に、銀行から８００万元を借りて、生産規模を拡大した。

この勢いで行けば、来年の今頃には売り上げは３０００万元（6億円）を上回るだろう。ざっとそう見積もった王は喜びを隠せず、家の簡易ベッドに伏せって静養する父親に、「来年豪華な別荘を買って、ベッドもフワフワのフランス製のキングサイズに替えてあげるね」と大口を叩いた。

２０１１年9月、王林の工場の製品は全国あちこちに出荷された。バイヤーから順次代金が支払われるのを待ち望みながら、更なる事業拡大を考えている。

最初の返品が届いたのはちょうどひと月後のことだった。それからというもの、自分の送った製品は、まるではじき弓で放たれた小石の如く、次々に送り返されてきた。返品は送ったものの8割に及び、戻されていない製品は、契約当初に支払われた20%の契約金分だというのだ。

また返品理由はいずれも、製品のデザインや製法、素材など注文した際の基準を満たしていないため、売れない、というもの。

デザインから生産まで自らかかわっていたし、クォリティーについては特に厳しくチェックしていた。「最初が肝心」というので、出荷時は慎重に慎重を期して検査したのに……。

原因を究明すべく、オーダーの多かった北京上海広州などの主要都市に行ってみようと決めた。出発する前に王は、新たに倉庫を借りて、大量の返品を保管する。

新参者の王の工場は、思いのほか「有名」になっていた。「王氏製品が品質問題で売れないため返品大量発生」などと。むろん新たに注文するバイヤーはもういない。

うなだれて帰りの列車に乗り込んだ。なぜ、なぜ。――繰り返してそう自問する。次第に眠りに落ちた。闇におぼろげに一つの顔が浮き沈みしているではないか。――周社長？

そう、周社長は離婚後に、王が愛人の情報を３００万元で元妻に売りつけたことを知り、激怒し復讐を誓った。そこで王の起業計画を聞きつけて、業界のお得意先や旧友を買収し、王を破産に追い込むように罠を仕掛けたのだった。

王は見事にその罠に引っかかり、周から脅し取った７００万元だけでなく、銀行から借り入れた８００万元も泡のように一瞬で弾けて消えてしまった。

２０１２年４月末、銀行への返金最終期限を迎え、返済する金がなく、王の破産は余儀なくされた。また仕入先への未払い代金を返済するために、マンションも競売に掛けられてしまった。

無一文になった。マンションから追い出された王は30平米にも満たない狭いぼろ家を借りて、父親と引っ越した。黴臭い玄関の前で、彼は崩れ落ちて「いやだ。僕はミリオネアだ」と叫んだ。「再起」はもう無理。王は絶望した。自分の人生を無茶苦茶にした周を許せない。

彼はナイフを隠し持って、周を尾行しタイミングを窺《うかが》った。

２０１２年６月のある日、夕方仕事から帰宅した周社長は、マンションの入口に入ろうとしたところ、突然後ろから刺され、悲鳴を上げながら倒れた。死に至っていないのを見た王は、いったん抜き出したナイフでとどめを刺そうとしたときに、中から出てきた二人の住人に気づき、慌てて逃走。

通報を受け、ほどなくして警察と救急車が来て、病院に運ばれたおかげで、周社長は一命を取り留めた。王はその後近くで取り押さえられ、逮捕された。

2013年、恐喝罪、傷害罪などで起訴された王は、裁判で懲役15年、罰金5000元の刑を言い渡された。

楊逸の目 富と罰

「世界一幸せ」という社会主義の国を築き、最終的に共産主義を実現するのだと、かつて毛沢東はそう謳《うた》って中国の貧民を騙しました。政権を奪い取ると、「打土豪分田地（地主資本家を打倒して、土地を平等に分割する）」のスローガンを叫んで「土地国有」を実現しました。

その後鄧小平が改革開放路線に切り替え、政権は江沢民、胡錦濤へと渡っていきながら、彼らは「国有土地」を売買しGDP2桁の成長という虚勢の「盛世繁栄」を作り上げました。むろんその間、富裕層という新興「土豪」は、下水道にはびこるカビのように繁殖したけれど、そのほとんどは、かつて「貧民に平等に土地を分け与える」と叫んだ輩の血筋を引いた者ではないでしょうか。

夢とは、権力者が貧民に見せて喜ばせる、ある種の手品のようなもの。何度騙されても弄《もてあそ》ばれてもひたすらそんな夢に浸るのは我が中国人民の「個性」、あるいは中国人の「民族性」になってしまったようです。

貧から富という「シンデレラ童話」的な飛躍は、我が祖国では権力によってしか実現し得ないもので、ゆえに「劫富済貧《きょうふせいひん》」（金持ちからお金を奪って貧しい人を救済する）なる熟語の響きは数千年の時を超えて、今もカッコよく、血を騒がせる魔力に満ちています。

この話に登場する王と周は、加害者と被害者の関係ではあったけれども、二人とも貧しい庶民の出身で、金持ちになるために「手段を選ばない」やり方から見ても似た者同士ではないか。――周の結婚は妻の両親の権勢が目当てだったし、王だって周から金を脅し取ろうと次々と策を弄《ろう》しました。

事業に成功すればすぐ愛人を囲い込み、私生児を産ませる、というのはここ30年、中国の「成功者」の印、ないしはステータスになり、共産党員なら辺鄙《へんぴ》な農村の村長から国家主席、ビジネスマンなら屋台の串焼きオヤジからアリババのＣＥＯまで——官位や財産の額にかかわらず、とにかく若い「愛人」を持って周りとの「差」をつけようとするのです。

そういえば、「共産共妻（財産を奪い、妻も奪う）」「資本家や地主の豪邸を奪って、その妾や娘を寝取るんだ」は、１９４０年代、政権を狙って、国民党と内戦で戦っていた頃の、共産党の「目標」でもありました。

事件5

「夫人営業」の悲しき結末

2004年湖北経済学院を卒業した林俊武《リンチュンウー》は、1982年、湖北省の農村生まれで、言うまでもなく両親とも農民で、経済的に恵まれず、頼れそうな人脈もなかった。大学で専攻したマーケティング・市場管理の知識を武器に、武漢市にある中型スーパーに就職し営業部のマーケティングマネージャーとして働き始めた。後に勤め先の近くの幼稚園で働く呂芳《リューファン》と出会って恋愛し、2年間のつき合いを経てめでたく夫婦となった。

勤務時間の長いスーパーでの仕事。売り上げが思うように伸びず収入も上がらない。出世の見込みなどないと悟った林は、「より将来性のある仕事」を色々探した末、ある中仏合資の「ソフト開発」企業に転職し、マーケティング営業として働き始める。

頑張った分だけ収入も昇進の道も拓けるという実力主義のシステムを信じて、林は能力をアピールし、徹夜の残業も辞さずに仕事に打ち込んだ。その甲斐あって、2015年に本社営業部のマーケティングマネージャーに任命され、給料も3000元から一気に5000元（10万円）に上がった。

本社の管理職となるや、パーティーに参加する機会が俄然多くなった。——市内の高級ホテルや郊外のリゾート施設で音楽が流れる中、上品な紳士淑女がワインを片手に優雅に語らう集いは、中国企業では見ない、いわゆる外資系企業の文化である。むろん不案内の林は当初、身だしなみやら振る舞いやらについて相当戸惑った。

やがて林はパーティーが社交の場として欧米人が人脈を作ったりマーケティング情報を集めたりするために利用されていることを悟ると、「出世の通路」になると思いついた。

それからというもの、彼はパーティー用にブランドものの紳士服を新調し、名刺の束を持って積極的にパーティーに参加し、一人でも多く友だちを作るために名刺を配って回るように努める。

だが業績に繋がる効果は一向に見られない。一方で、ある支社で同じマーケティングマネージャーとして勤める同僚の陳《チェン》某《なにがし》には、なぜかパーティーの後、大抵大口の注文が舞い込んでくる。

能力なら陳に負けない自信がある。努力にしても、パーティーで陳は自分ほど飛び回ったりもしていない……。林は散々頭を抱えたがまったく原因がわからなかった。

やはり陳からコツを聞き出すしかない。林は電話して陳を飲みに誘い出した。

酒を酌み交わして、ほんのり酔った陳が上機嫌になったのを見計らって、「パーティーでの営業に何かコツがあるんでしょ？　二、三教えてもらえないかな」と切り出した。

「コツかぁ？　ちょっと言いにくいな。でもさ商売だけじゃなくて、どんなことでも男対男じゃ物事がうまく運んだ試しはないだろう。夫人営業って知ってんでしょ？」

「夫人営業？」

「ほら俺たち営業マンはさ、パーティーでお得意先の営業マンと普段のオフィスでのシビアな契約について話しても、空気を悪くするだけじゃない。商売の話はまずオフィスで詰めておいて、それからパーティーに女房を連れて行くんだ。ビール瓶の蓋を開けるのを女に任せれば良いんだ。きみはいつも一人でパーティーに参加して、女房を家の金庫に入れて金でも産ませるつもりなのか？」

陳は目を細め、顔に意味ありげな笑みを浮かべた。

「女房？　どうやって？」

「はあ、説明って難しいね。女には不思議な魔力があってね。いるだけで場の空気が和らぐし、また相手の女房と仲良くして家族ぐるみのつき合いになれば、相乗効果で仕事もうまく行くんじゃないかな」

わかったようなわからないような。林はしばし考えて、もう少し具体的にとも思ったが、陳はどうも興醒めしたようで「明日は早いのでそろそろ」と席を立った。

※　　※

林は帰宅してさっそく妻に、「今度パーティーに一緒に行ってくれ」と頼んだ。

「あたしが社交的でない人間って知っているでしょ？　パソコンやらソフトやらの話について何もわからないし、パーティーに行っても話題に参加できなくて突っ立っていたら、あなたも気まずいじゃない？」

「家族を大事にするっていうのが外資系企業の文化でさ、パーティーも皆は夫人連れで参加しているから、君は奥さんたちと子育ての話とかすればきっと歓迎されるよ」

「そういう場って、あたしほんとに苦手なのよ。行かなくて良いんだったら行きたくないのよね」

「俺が契約を取れるかどうかはパーティーにかかってるんだ。君も行ってくれれば、上司やお得意さんと家族でつき合えるような関係を築くことができるかもしれないじゃないか」

妻の大きくて澄んだ瞳は少しだけ陰ったが、しぶしぶ頷いた。

林は胸を撫でおろした。専門学校を卒業してから幼稚園の先生となり、ずっと子どもと一緒に過ごしてきたこともあってか、結婚して10年近く経っても未だに純情な学生のようで、長身ですらっとしたモデル体形はジーンズもドレスも似合うし、特に化粧気がなくても可愛い顔立ちは、パーティーに集う夫人達には敵う者はいないだろう。

果たして翌週、林は初めて夫人をパーティーに連れて参加する。これまで名刺配りに徹した彼は、今度は妻を引っ張って紹介して回った。いつも儀礼的にお辞儀して挨拶を交わすだけで終わるコミュニケーションは、美人の妻のお陰で、会話が続き、盛り上がり、話に耳を傾ける妻に、飲み物を差し出す紳士も現れた。

傍でじっと観察していた林は、陳が言う「女には不思議な魔力がある」を思い出して、わかる気がしてきた。

何度かパーティーに参加しているうちに、妻の存在が知られるようになり、話しかける者、シャンパンを勧める者、ダンスに誘う者など次々群がってくるが、まれに「奥さん仲間」の一人や二人が混じったりするほかほとんど男性である。

内心では面白くないと思う林。顔には笑みを絶やさず話を楽しんでいる風をして「妻を愛する寛容な旦那」を演出することに努める。おかげで大口の契約もいくつか取れて、そのうち陳までも「美人の奥さんを持ってやっぱり得だね。きみの夫人は営業の天才じゃないか」とうらやましそうにつぶやいた。

ここまで妻が活躍してくれるとは予想外だった。ただパーティーでいつも妻の傍から離れないように心がけている林の気持ちと裏腹に、何人か好色のお得意さんは妻をダンスに誘っては、その腰に手を据え、顔も限りなく近づけて話す、なんて場面を見せつけられるのは、穏やかじゃないし我慢するのもつらかった。

妻も妻で好きでもない男性の腕を渡り歩いてダンスするだけでなく、何度も休日デートを申し込まれた。何とか理由をつけて断ったけれど、このままじゃもたないと彼女は感じた。

「パーティーに行ってスケベオヤジと踊るのはもう嫌。行きたくないわ」

「もう少しだけ頑張ってくれ。会社の営業副部長のポストが空きそうで、昇進できれば年俸50万元、専用車がつくし、海外研修もあるし……。俺も候補になったけど、何せ劉《リユウ》某《なにがし》というライバルはキャリアも能力も俺より上で、上司とも近い」

「だからって、あたしに何をさせようとしてるの？」

「いや、今度の人事の決め手はチェルシー社長、ほら、一度パーティーで紹介したフランス人、覚えてる？」

「あの中国人みたいに中国語を喋るフランス人社長？」

「そう。彼は今劉の味方になっていてさ。どうも劉の奥さんは先週、チェルシー夫人50歳の誕生日プレゼントに腕輪を贈ったらしい。だから夫人営業って重要なんだよ。ちょうど来週もパーティーがあるので、連れて行くから、チェルシー夫婦に接近してみてくれないか？」

生活のため、仕事もパーティーも一生懸命頑張っている夫に、「いいえ」とは言えなかった。それに旦那が副部長になれれば、自分もきっとこんな嫌な思いをしなくて済むだろうと考えた。

※　　※

パーティーの当日、妻はいつになく派手めの化粧を施して、女性美をより引き立てるようなチャイナドレスに身を包んだ。そんな輝く妻を連れた林は、会場に入るとまっすぐターゲットであるチェルシー社長が立つところに行き、脇で「酒を勧める」態勢をとった。

オープニングのあいさつが終わると、妻は進み出て社長とワインで乾杯した。林は邪魔にならないように、背後で、社長に話しかけようとする人たちを遮る役を務めた。

案の定、チェルシー社長は妻の美貌に惹かれたようで、話しているうちに、妻の手を掴んでダンスに誘った……。

ダンスを踊る二人を眺めて、妻を見つめるチェルシーの表情に、副部長への「道」が見えた気がした。

しかしパーティー後、ライバルの劉はこれまで以上に頻繁にチェルシーのオフィスを訪ねた。自分のデスクを通り過ぎるその後ろ姿を見て、「ヤツを副部長にしないように」とひそかに祈るも、「早く手を打たなければ」の危機感がどんどん膨れ上がる。

彼はとうとう勇気を出して、チェルシーに「妻が社長をお食事にご招待したいと申しておりますが……」と誘った。

誘いは快く受け入れられた。夫婦は武漢一有名なフレンチレストランで、チェルシーをもてなした。

食事も妻が主役をつとめた。ワインをついだり、料理を勧めたり、中国文化を解説したりして、その傍で恭《うやうや》しい表情を保つ林はただ相槌を打って頷くだけだった。

「きれいで優しい奥さんがいてミスター林は幸せだね」

ご満悦のチェルシーは奥さんも林も褒めちぎる。

「妻を幸せにしなければと思って、仕事を頑張っているんです」

「君の業績作りに、江蘇《こうそ》出張って機会があるんだけど、行くかい？」

「ぜひ行きたいです」

「重要な商談だ。結果によって昇進も決まるんだからな」

「頑張ります」

感激した林は立ち上がって深々と頭を下げた。

3日後出張先についた林は、ホテルにチェックインして一服する間もなく、電話がかかってきた。妻だった。

「今、チェルシー社長から電話をもらったんだけど、ディナーに誘われて、どうしたら良いか……」

「は？」

昇進が目に見えたというこのタイミングに、自分の留守を知っていながら妻をディナーに誘うとは。チェルシーの意図は、言うまでもなく林も妻もはっきりわかっている。だが断ったら、これまでの努力はすべて水の泡になってしまう……。

電話を一度握りなおして、林は刹那の沈黙を破った。

「ディナーくらいそんな大げさに考えるな。ロマンチストのフランス人が妻以外の女性と食事するのはよくあることだし、きっとおまえと気が合うと思ったんだろう。行ってきなよ。俺の昇進についてもう一押しするちょうどいい機会じゃないか」

「そんな？　断っちゃダメなの？　ほんとに行きたくないんだけど……」

「心配ないさ、ディナーくらい。俺の出世がかかってるんだ。今回副部長にさえなれれば、俺も君もこれから嫌なパーティーに出なくて良いんだ。お願いだから最後の一回だけディナーにつき合ってやってくれ、恩は一生忘れないから」

妻は黙った。無言の間が少し続いたあと電話が切れた。

※　　　※

出張先のホテルに籠った林。その夜一睡もできなかった。妻に電話をかけても電源がオフになったまま、コールバックもされなかった。

翌日予定通りに商談会に出たが、その間、チェルシーに抱かれる妻の顔が浮かんできて、聞こえてくるのも怪しい男女の戯言《ざれごと》ばかり。どうにか職務を終わらせて、夕方の飛行機に飛び乗った。

自分を家に迎え入れた妻を見てほっとした。

「ディナーはどうだった？」

「もう安心して良いわよ。チェルシー社長は、昇進の件を任せろって言ってくれたの」

妻の表情はいたって平静だった。

果たして2016年4月、林はマーケティング部の副部長に昇進した。

辞令を手にして、改めて思った――すべて妻のお陰だ。その晩、夫婦はちょっと贅沢な夕食で祝杯を挙げた。

それからひと月が経った。ある休日の午後、リビングで家事をしている妻は急に吐き気を催して洗面所に走った。かなり辛そうな様子でまっ青な顔色もしていたので、病院に連れていったところ、検査結果は「妊娠」と出た。

驚きの報告ではあるけれど、林は喜んだ。何せ結婚して10年以上にもなる。子どもが欲しいとずっと思っていたけれど、一度検査したが、自分に「作精機能障害」があるので、子どもができる確率が低いのだという。それからというもの営業業績やら昇進やらパーティーやらと仕事が忙し過ぎて、真剣に子作りについて計画を立てる余裕もなかった。でも今副部長になれたところで、図らずも妻が妊娠。運が回ってくれれば、めでたいことも相次いでやってくるものだ。

一方の妻は、妊娠反応が強いせいか、眉を顰《しか》めたまま考え込んでいる。

「この頃よくお酒を飲んでたんだよね。赤ちゃんに影響がなければ良いんだけど……」

「ワインだろ。大した度数じゃないから心配ないさ」

「でもあたし、もともとアルコールに弱いからね。結構酔った感じだったし。今回の妊娠はあきらめたほうが良いかも」

「あきらめる？　俺たち、30も半ばを過ぎてるんだよ。結婚して11年、やっと妊娠したんだから」

幼稚園の先生である妻は大の子ども好きである。それに身重になったものだからパーティーに行かなくて良くなる。

時間はあっという間に過ぎた。２０１7年1月、産気づいた妻を慌てて病院に送った。赤ちゃんが大きすぎて帝王切開手術になると医者の説明を受け、手術同意書にサインしてから、病室の外で、我が子を抱く瞬間をじっと待つ。

どれほど経ったのか、オギャーという産声が聞こえて間もなく、看護婦さんはタオルに包まれた４０００グラムの赤ちゃんを抱いて出てきた。

「おめでとうございます。男の子です」

林の腕に載せられた男の子に目をやると、なんと目が青く、頭にうっすら生えた産毛も金色ではないか。

リトルチェルシー⁉

途端に、林はやけどしたかのように、赤ちゃんを看護婦の手に押し返した。

※　　　　　　※

林の妻から「洋梨」が生まれたという噂は瞬く間に広まり、ついに会社の同僚にも知られてしまった。

「副部長のポストと引き換えに林は女房を社長のベッドに送り込んだんだ」という噂が、やがてチェルシーの耳にも入って、彼は慌ててフランス本社に「帰国願い」を提出し、妻子を連れて逃げ帰った。

同僚たちに白い目で見られ、副部長の椅子に座るたびに、背中に指を差されているように感じる。逃げる場所がない。かつてぺこぺこしていた部下たちは、今や目の前に立つと、わざと背筋を伸ばしたりする。

一度仕事にミスったヤツに「役立たず」と怒鳴ったら、「そうです、僕はしょせん、子作りできないからと言って上司に女房を献上して出世するなんてできない、どうしようもない役立たずですよ」と返され、噎《む》せて窒息しそうになった。

そして家の近所でも、妻と赤ちゃんを連れて散歩に出かければ、変な視線が体のあちこちに纏《まと》わりつき、悪意のこもった笑い混じりのひそひそ話が耳を追いかけてくる。

まったく一糸まとわぬ裸を大勢の目に晒《さら》しているようで、気が狂いそうだった。

「この雑種野郎のせいで、俺は面子も居場所も何もかも失いそうだ。チェルシーに引き取ってもらわんともう我慢ならない」

林は妻に怒り散らした。

「チェルシーはとっくにフランスに帰ったんでしょ。どうやって連絡取るって言うの？」

「そんなもん知るか。アイツに渡せないなら、おまえコイツを連れてとっとと消え失せて、もう二度と俺の前に現れるなよ」

「このざまにしたのはそっちでしょ？　あたしがあれだけ行きたくないって言ったのに、俺の出世がかかってるからとか、一生恩に着るって言ったのは誰？」

夫婦は顔を合わせば喧嘩する。喧嘩すると赤ちゃんが泣く。赤ちゃんの泣き声を聞くと、余計に腹が立って喧嘩がエスカレードする。林と妻はそんな悪循環に嵌《はま》ってどうにも抜け出せないでいた。

※　　※

２０１７年5月12日、仕事から帰宅した林は、玄関に入るなり赤ちゃんの泣き声を聞いた。溜まりに溜まった屈辱や怒りが脳に上って、一気に火がついた。

彼は妻の腕から赤ちゃんを奪い取ると、開いた窓に走った。妻が悲鳴を上げて、その腕を引っ張ったのもむなしく、次の瞬間、外に投げてしまった。

赤ちゃんは18階から落とされて即死したという。

２０１８年7月、武漢市の中級人民法廷で事件の裁判が行われ、林は過失殺人罪で懲役5年を言い渡された。

楊逸の目　教育に欠落した「責任」

目的のためなら手段を選ばないという特徴が一人っ子世代に共通しているというのは、これまでのケースを読んで、おわかりになったことと思います。今回の話は「手段を選ばない」ことによってもたらされた「結果」を受け入れられずに犯罪を起こしたものです。

高い収入がほしい。昇進したい。そんな結果に繋げてくれる手段ならば、たとえ妻を犠牲にしても……。実際パーティーで夫人営業の「成果」があったとわかると、次はチェルシーをターゲットに狙い撃ちしようと企む……。

あとさきを考えないというよりはむしろ、「副部長の椅子」は妻を犠牲にする値打ちがあると計算してのこと。彼の頭には「昇進」の二文字しか思い浮かんでいなかったし、「リスク」とか「責任」とかは毛頭ありませんでした。

中国の街角や公園などで、小さい子どもが遊ぶのを見守る老人の姿をよく見かけます。30代40代の息子娘に変わって孫の世話をするのは中国人の伝統で、とりわけ近年企業の定年は50歳に切り上げられ、物価の高騰によって若夫婦が共働きしなければ生活が立ち行かないという実情も後押しして、赤ちゃんが産院から祖父母の家に直行することも増えているそうです。

中国に限らず、日本の公園でもたぶん、――よちよち歩きでボールを追いまわす孫が突然転んでしまった、という風景が一日何度か見られるでしょう。

どうなるか？

中国の場合はきっと、近くで井戸端会議をしている大人の一団から、一人の老人が顔色を一変して大慌てで駆け寄って行くでしょう。そう、子の祖父母です。彼（彼女）にとって大事な孫が転んだのは「大過失」です。

「あら宝々（ベビー）、大丈夫？　痛くない痛くない……」

キャッキャッと笑っていた子どもは、緊張の面持ちでこちらの体をあちこち撫でながら、宥めるお爺ちゃんお婆ちゃんを見て、「は、ここで痛いのをアピールしなきゃ」と突然悟ったかのように泣き出します。

「よしよし宝々泣かない。悪いヤツは誰、ほお、この石なのか。打ってやるから宝々泣かない……」

そう言って、老人は拳を握った手で地面の石を打ち叩いて、「こいつ、なぜうちの宝々を転ばせたのか？　バカヤロー。今度またやったらただじゃすまないぞ」などと怒鳴って、宝々に見せます。

宝々が自分で転んでも石のせい。家で椅子から落ちたら椅子のせい。電車の中で誰かにぶつかったら相手のせい。宝々を痛めつけるものや人間を打ち叩いて怒ってやるのです。宝々は何をしても良い。自分が悪いとか自己責任だとか、彼らの成長過程においてそう認識することはない。

「自分は世界の中心だ」という環境で大人になる。目標を達成するために妻を犠牲しても良いという林の考え方からも、そんな価値観が窺えるでしょう。

一連の企みが功を奏し、思う通りに副部長の椅子に座れたことを大いに喜んだのだが、その一方ハーフの赤ちゃんが生まれると、「チェルシーのせい」、「妻のせい」、「雑種野郎のせい」、自分だけがかわいそうな被害者だと考えるのです。

この悲劇。一見したところ、林の野心に起因しているように見えますが、その背後には、彼を育てた祖父母の影が見え隠れしますし、「一人っ子政策」なる呪いも響いているような気がします。

事件6

超学歴社会の悲劇

２０１５年３月の武漢、大学の春学期（後期。中国の新学期は秋から）が始まった。あと３か月ほどで卒業を迎える４年生の張軍《チャンジュン》は、学友たち誰もがゼミの先生の指導を受けながら卒業論文に打ち込んでいるのを眺めて戸惑い、胸に抱えていた違和感が急に膨れ上がるのを覚えた。

というのは、卒業が目の前に迫っているにもかかわらず、大学に入学してからずっと相談役をつとめてくれている指導員の王《ワン》先生の姿が見当たらないし、彼が言う「追試」の予定すら立っていないのだから、このままいくと、成績も卒論も及第点をもらえず、大学を卒業できるかどうかわからない。いやそればかりか、就活も始められなくて、人生で一番忙しいはずのこの時期にやることのない自分は、大学とアパートの間でうろうろしているだけだ。

幸い4年近くの大学生活を共に過ごした仲間がいる。彼らもきっと同じ違和感を持っているに違いない。とにかく連絡を取って相談したほうが良い。張は携帯を取り出して、何人かに電話をかけた。

「俺たちは訳ありなんだから、やはり勝手に動いたり、迂闊《うかつ》な行動を取ったりするのはよした方がいいと思うな。とにかく一度王先生に相談して、どうするかを考えるのはそれからだ」

案の定、集まった数人は一様に頭を抱えた。何かがおかしい。あれこれ悩んだ末、指導員の王先生を探すことで意見が一致したので、とりあえず彼の住まいへと向かうことに。

一行は大学の近くにある古い団地アパートに行き、王先生が住むという部屋をノックしたが、反応なし。あきらめずにノックし続けていると、隣の家からオバサンが出てきて、「王さんはもう引っ越されて、部屋は空室になっているよ」と告げた。

引っ越し先は不明、携帯に電話をかけても「この番号は現在使われておりません」の音声だけが繰り返される。

「俺たちは騙されたんだよ、きっと！」

誰かの声が響いた。とたんに、大学生の一団は落ちた花瓶が一瞬で砕け散るような尖った悲鳴が鳴り響いた。

※　　　※

ことの発端は4年前の2011年の夏に遡《さかのぼ》る。蘇州で生まれ育った張は、当時18歳、民間企業に勤める両親の大事な一人息子である。一族の希望を背負って、高校の3年間、日夜受験勉強に没頭し、とうとう試験の日を迎えた。

前夜もほぼ徹夜で勉強していた彼だが、試験会場に入って問題用紙を見ると、頭が真っ白になってしまった。結果通知を見なくても彼は、自分の理想的な人生をほとんどあきらめていた。

予感が当たった。420点という点数は、4年制「本科」大学合格点に達しておらず、3年制の「専科」大学にしか入れない。

「専科に行くなら、1年間浪人して来年もう一度受験したほうが良い。今時は本科大学を出ても、就職できないんだから、専科では行く意味がない……」

両親はそう口を揃えて言った。

受験勉強という地獄を思うと、張は口を一文字に結んで、「絶対に嫌だ」と言った。

大事な一人息子の受験勉強を見守ってきた母親は、その辛さをよく知っていて、自身も堪え切れないものがあったのか、溜息とともに、「どこか、お金を払えば入れる大学はないかね」と言葉を漏らした。

「何バカなこと言っているんだ」

父親は怒った口調で、妻を制した。

だが数日後、「武漢大学の先生に友人がいる」という知り合いから、金さえ払えば武漢大学に入れることを耳にした。

「まさか」と一瞬思ったけれど、次の瞬間「万が一ということもあるかもしれない。とにかく金額を訊いてみた方が良い」と閃《ひらめ》いた。

「15万元（300万円）」

「有名大学を卒業すればきっと、将来性のある大企業にも就職できる。息子はエリートになるだろう。息子の人生が変わるなら、15万元でも払う価値がある」

そう考えた父親は、知り合いにその武漢大学の先生という友人に連絡を取ってもらい、急いで息子を連れて武漢に向かった。

翌日ある高級ホテルの一室で、陳先生と会った。

陳先生はまず「武漢大学」の印のある教員証を見せ、大学は近年、人気がなく定員割れの学科もあって、こういうような形で「訳あり」の学生も入れたりしているという裏事情を明かした上で、「また就活の際、企業は大学の名前を重視することが多く、専攻とか学科とかはあまり見ない」ことも親切に説明してくれた。

張君も父親もしきりに頷いて、「ぜひお願いします」と頼んで、その場で封筒に入った8万元を陳先生に手渡した。

翌日、再度やってきた陳先生は、「武漢大学」と印刷された大きな封筒を張父子に渡した。中には「武漢大学合格通知書」や「入学書類」などの一式が入っていた。張は武漢大学の金融学科に合格し、「入学手続きを、9月15日から18日の間にしてください」とあった。

夢が現実になった。喜びを目の前にして、父も息子もとても信じられず、呆然としてしばらく言葉が出てこなかった。

まだ8月29日、入学手続きするまでには2週間以上もあるので、色々準備もしなければならない。父子は、残りの7万元を、陳先生の口座に振り込んでから、蘇州に戻った。

「これで借金を背負ってしまったけれど、おまえは武大に入って、勉強を頑張って将来ちゃんと稼ぎのいい仕事につかなきゃだめだぞ」
「頑張る！」
張は胸を張って元気の良い声で応えた。

※　　※

9月15日、張は両親とともに武漢大学にやってきた。校門のところに陳先生が待っていた。その周りに二十数人の学生が集まるのを待って、陳先生は彼らを連れて、新入生の大勢が向かう学務課に行き、入口の前で、皆から書類を集めて、「ここで待ってて、一括でやるから」と言い残し、一人で入っていった。まるでツアーの旅行ガイドのような行動だった。しばらくして出てきた彼は、張君らをバスに乗せて、大学から遠く離れた「軍事訓練の基地」に送った（中国の大学新入生は軍事訓練を受ける。期間は大抵入学直後の2、3週間）。

軍事訓練中でも陳先生グループの二十数人が一塊《ひとかたまり》になって、行動を共にするので、お互いよく話すようになったのだ。武漢人はもちろん上海人も東北人もいて、皆武漢大学に入って喜んでいた。

軍事訓練が終わって大学に戻ると、担当指導員と自称する王先生が現れて、名簿に載った彼らを別室に連れていき、学費1万5000元、寮費3500元を徴収したあと、専攻によって幾つかのクラスに分け、張と仲間の六人は、金融6班に入った。ただ金融6班の名簿には彼らの名前が載っていなくて、最初こそ、戸惑う先生も学生もいたが、そのうち気にしなくなった。

名簿に名前がないため、学生証が配られなかった。そのため、大学の食堂も図書館も利用できず、期末試験にも参加できなかった。

「試験に参加しないと成績がなく、あとで卒業できないんじゃないですか?」

気になって王先生に訊ねると、「追試験で、まとめて成績をやるから心配せんでよろしい」と言われてしまう。違和感を覚えたけれど、自分のほかに二十数人もいるのだから。それに、追試一括で単位を取れるのなら、普段勉強のプレッシャーがなく過ごせるし、卒業さえできれば、まあ良いか。——張君やその仲間たちみな、そう考えたらしい。

また寮も1年時は、金融6班の他の学生が入居する学生寮ではなく、なぜか博士宿舎があてられたが、2年になると別棟の寮に移され、3年時以後は大学敷地内の賃貸物件に住むようになった。

これだけ寮を転々としているということは、「特別扱いされている」証拠であると確信し、自分たちが金を払って特別ルートで入学した「訳あり」の身だから、むしろ卒業証書を手にするまでじっと息をひそめておこう、という気持ちになった。

そういう「特別扱い」のほか、張は大学生らしく普通に通学し授業を受けて、やがてクラスに溶け込んで、仲良くなった男子たちと一緒にバスケットボールをしたり、飲みに行ったり、大学のイベントにも積極的に参加していた。

一方の王指導員は、定期的に勉強会や打ち合わせ会などの名目で「訳あり」学生たちを集めて、学費やら寮費やらを集金したり、またほかの学生と異なった扱い方について、疑問を持つ者に対して、「きみたちがこちらに入った最終目的は、武漢大学の卒業証書をもらうことだろ。なら私の言う通りにやればいいんだ」などと宥《なだ》めていた。ただしこれまでに払った学費や寮費などについて、領収書ないし支払い証明になるものはもらったことがない。

王指導員を信じて、「訳あり」の張らは4年近くひたすら彼に従って行動し、ついに卒論にとりかからなければならない時期になった。

焦る中、誰かに相談したいというのに、王指導員はなぜかしばらく姿を現していないことに気づいた。

卒論を書かなくても卒業を認めてくれるのだろうか？

仲間たちと話し合ったが堂々巡りするだけで出口が見えない。先生や学友に訊けば、誰もが首を傾げて、「何をバカなこと言ってるの」という目で見てくる。

※　　　※

王先生が逃げた。

ようやく「騙されたのではないか」と疑い始めた張は2015年5月18日、「中国高等教育学生信息網（中国大学教育情報ネット）」に入って自分の情報を調べたが、ヒットしなかったため、慌てて父親に連絡した。

翌日駆け付けた父親を迎えて、張は数名の仲間と合流し、これまでに一度たりとも踏み入ったことのない大学の学務課に行き、学籍を調べてもらうと、合格通知の発送や入学登録についての記録がないのだ。

彼らに残った唯一の道は警察に通報することだった。

警察の協力も得て、仲介人だった陳先生、数名の関係者と連絡を取り、武漢市内の某ホテルで話し合いをすることが決まった。

陳先生は数年前から大学進学や学歴証明などについて斡旋するビジネスを始め、大学受験に失敗した落第生を集めて武漢大学に入れただけだと言う。手数料として、張から15万元を受け取ったことを認めたものの、その後はすぐ、張らを大学関係者に引き渡したので、詐欺を認めない。

「訳あり」学生を受け入れた大学関係者のSは、自分は「自考生（受験生）ビジネス」に従事する者だと言い、武漢大学教育学院（教育学部）と合作関係だったと認めた。「他の教育機関で第一学位を取った者について、試験なしでも武漢大学に進学し、第二学位を取得することができる」という二年ほど前、武漢大学が打ち出した政策に則って、「第二学位の卒業証書」を取得できると約束し、学生を集めて送り込んだが、今年になってその政策が取り消されたため、卒業証書も学位証明も出せなくなった。もしどうしても卒業証書が欲しいならば、「専科大学から本科大学に進学する手続きを取る道もある。その場合、手数料として8万元がかかる」のだという。

※　　　　　　※

事情が複雑すぎて詐欺と単純に判断できないため調査がさらに続けられ、結果はまだ出ていないとのこと。初期の調査でわかった被害者学生十数名の被害金額は272万元（5440万円）にも上った。

楊逸の目　大学ブラックマーケット

「大学受験」というのは、中国の子どもにとって、物心がついた頃から親によってかけられる「呪い」みたいなものでしょう。毎年統一試験が終わる7月の末になると、「数点差で志望校に入れなかった」ため、マンションから飛び降りるやらリストカットするやら自殺する受験生のニュースが必ず出てきます。

科挙制度の歴史が長く、一人っ子政策でも拍車がかかり、「望子成龍（我が子の出世を願う）」という教育熱心な親は、80年代の改革開放以来、右肩上がりで増えてきたし、出生率が落ち込んでも、大学進学という狭き門はちっとも広くならないのが不思議なくらいです。

そんな中、「教育は胎児から」「スタートラインで負けてはならない」などのフレーズもまた次々と流行し、それまで全然気にしなかった若い女性でも、身ごもると、そんな言葉に敏感に反応し、急に気分が昂《たかぶ》ったりするそうです。

「お腹の中にいるこの子を将来清華大学に行かせるために、今からベートーヴェンやケンブリッジ英語を聞かせてやらなきゃ」と目覚めて、『天才の育て方』みたいな本を読み出すといいます。

つまり、新米ママが最初に呪いにかかって、続いて新米パパにも伝染し、そして二人力を合わせて、やがて生まれてくる子どもに感染させていくという仕組み。もちろんもっと前から、子作りをするように若夫婦に促した祖父母たちは、自分たちの力で築けなかった家の名誉を孫に背負わせるつもりで、あれこれ企んでいたのは言うまでもありません。

中国人は一世代また一世代、この終わりの見えない輪廻《りんね》に嵌《はま》って、いくらもがいても、どうにも脱出できないでいます。おかげで学歴関係の「闇マーケット」も繁盛してきました。

中国高等教育学生信息網（中国大学教育情報ネット）ができるまで――80年代の後半から2000年代の末にかけて、偽造された有名大学卒業証書は、本物と見分けがつかないほどの出来で、堂々と取引されていました。90年代の後半、筆者は日本で発行される中国語新聞紙で記者をしていた頃、「日本からも注文ＯＫ」という話を聞いたことがあります。

そうした偽造卒業証書を使って日本の大学に留学し、大学院に進んだ学生も少なからずいたとか。

最も値段が高いのは北京大学や清華大学のようなトップクラスの大学の卒業証書で、たしか数百元程度だったと記憶しています。「本物に負けない出来」については、「印鑑が本物なんだから」と仲介ブローカーが言ったときの謎めいた表情も覚えています。

今回の事件を読みながら昔の記憶がまざまざと蘇《よみがえ》って、もしかしたら大学内部に協力者がいたのではと疑いました。

事件は2015年5月から報道され、一時期話題にはなったけれど、その後どうなったのかについて、いろいろと調べましたが、残念ながら、追跡報道も、武漢大学の調査報告も、また警察の発表も見つけることができませんでした。

うやむやにされたのでしょう。大事件の多い中国。大学の不祥事でも、中央官僚のスキャンダルでももう驚くほどの新鮮さはなく、「6秒しか記憶がもたない金魚」のように人々の関心も薄れ、数日もすれば別の事件に上書きされてしまうのです。

第三章

見栄の果て

事件7

「令嬢」は玉の輿を狙ったが……

蝶々《ディエディエ》は1997年、上海に接する浙江省《せっこう》の近郊都市に暮らす、普通のサラリーマン家庭の生まれで、2018年21歳の時、地元の専科大学を卒業した。そのままどこかに就職して、結婚してくれればという親の望んだ道を彼女も歩もうと、就活に頑張ったのだが、理想的な仕事が見つからなかったため、夢だった「安定志向の人生」はあっさり消えた。ならば大都市に出て一頑張りすれば、たとえカッコいいホワイトカラー麗人になれなくても、そこそこ経済的に余裕を持てるような上海男に出会って、上海マダムに変身できるかもしれない、と夢見て上海にやってきた。

彼女より少し早く来た、同級生小方《ショウフォン》と莉々《リーリー》に手伝ってもらい、安いアパートの一室を借り、その近くのショッピングモールで化粧品販売員の仕事についた。

同郷にして同級生であり、今度上海に来て同じ出稼ぎ労働者になったということもあって、三人は一段と親密になり、日々の生活や仕事情報などをシェアできるように、ＷｅＣｈａｔ友だちグループも作った。

「ほらこのオバサン、こんな粉吹きの顔で◯◯ブランド新発売の柔肌クリームフルセットを買っちゃって」

化粧品を扱って1年余り。化粧術も上達し、お試し用のうんと値段の高い高級化粧品を自分の顔に塗りつけているうちに、自分が貧しい以外、それらを買っていく「貴婦人」に、何も負けていない、むしろ自分の方が若くてきれいで価値が高いと思うようになる蝶々。

鏡に映る、化粧映えするが不遇な自分。その一方、高価な商品を買っていく不細工な女性客がウロチョロして、喉に不満が出かかって堪えられなくなる。いつの間にか客をこっそり写真に撮って、友だちグループにアップして不満をまき散らすようになる。

「この金臭い社会（お金に縛られた社会）。私たちも頑張って稼がなきゃ」

「けど、今の出稼ぎの安給料じゃ、日の目を見られるのか」

グループトークに参加してきた小方も莉々も、同調する言葉が続いた。

「やっぱ目を放射線にして、金キラの王老五《ワンロウウ》（玉の輿）を見つけるしかないね」

「そうよそうよ。でも私たちの環境じゃね……」
「写真でお嬢様を見習ってみたらいかが？」
そんな一文に続き、古写真が数枚アップされた。小方からだった。
モノクロの写真。民国時代（１９３０年代）上海灘で名を馳せた名家のお嬢様たちのものだ。コの字で顔を区切った黒髪といい、チャイナドレスの上等のシルク生地といい、俗世に汚れていない育ちの良さが清楚な目鼻立ちに漂い、写真は歳月の黄ばみによっていっそう味わい深いものになっていた。
「上海名媛《ミンユエン》」
蝶々には甚だ新鮮な言葉だった。夜更けにチャットが終わって、なかなか眠りつけない彼女は、「名媛」を検索した。
ずらりと並んだ検索結果から、彼女の視線は一瞬「名媛招待状」の文字に惹《ひ》かれた。開いてみれば、優雅にお茶を飲む民国風に装った数人の美女の写真に、
高級アフタヌーンティーを楽しみ
五つ星ホテルのスイートルームに泊まり
世界一流のブランド品を身にまとい

交友は、トップの金融エリートやネットセレブ
あなたも仲間入りしませんか?

の文言が添えてあった。

したいしたいと、目が釘付けになった蝶々。布団から起き上がって、それを友だちグループに送った。

「嘘でしょ。500元(1万円)の入会費を払うだけで名媛になれるなんて」

「そんなの詐欺に決まってる」

莉々も小方もすぐ反応した。

「あなたたち、入会していないのに、なぜ嘘とか詐欺とか言うの?」

蝶々は不愉快な口調で反問し、「500元、それほど高い金額ではないし、騙されるつもりで、払って会員になってみても良いかな」と、自分の考えを打ち明けた。

「けど、アリペイに10万元の残高があるという資産証明も必要だってよ」

「ないから、今あなたたちに相談してるんじゃない」

蝶々は、「悲しい顔」の絵文字を連打して送った。

先月ボーナスをもらったばかりの小方は、自分の貯金と一緒に蝶々に貸しても良いと答

えた。続いて、資産証明を取得してすぐ返すという条件で莉々もお金を貸すことに同意。翌日オンラインで数時間、一連の操作を済ませてから、500元の会費を払い資産証明を提出し、ほどなく「名媛群（名媛グループ）」に入れられたのだった。

果たして「名媛になる方法」とは？

頻繁に更新されたシェア情報をいくつかチェックするうちに、徐々にわかってきた。

募集　外灘◯◯タワー最上階のローヤルティハウスでアフタヌーンティー
定員　10名
内容　ブリティッシュ貴族アフタヌーンティー（588元二人コース）
費用　58・8元（一人）
撮影時間　5分（一人）

どうも「ブリティッシュ貴族アフタヌーンティー」は本物である。ただスカイカフェに行って、ティーを飲んだりスコーンを食べたりするわけではなく、写真だけを撮って終わるらしい。

自分の判断を確かめるために、蝶々は果敢に申し込んだ。

「アフタヌーンティー」の前日、彼女は半日をかけて自分の勤めるショッピングモールをくまなく回って、名媛風のチャイナドレスを買った。肉眼ではシルクと見分けがつかないが、レーヨン生地なのに彼女の半月分の給料が消えた。

それでも当日ローヤルティーハウスの空が見える窓際の席に座って、優雅にブリティッシュ貴族ティーを楽しんでいる姿は写真にきれいにおさまった。

その写真に「少し憂鬱な空を見ながら、独りでアフタヌーンティー」の文字を配して、さっそくSNSにアップする。

「なんて素敵なの」

「美女、今度誘ってね」

「どこなの？　優雅ね」

「紅茶と美女、空に吹きかける吐息。絵になるね」

化粧品を売るために作ったSNSのアカウント。知り合いか否かは関係なくたくさんの人の目に触れるというのに、これまで無視されてきた存在だった。だが写真のインパクトで褒《ほ》めるコメントがわっと入ってきた。むろん小方も莉々も友だちグループで「すごいじゃない？　お茶はどうだった？」と訊いてきた。
「写真だけ、お茶も水もなし。三人だけの秘密ね」
「アフタヌーンティー」を経験して、もう一つ学んだのは、参加者は誰もが、ドレスやバッグ、アクセサリーなどもシェアしていて、自分が半月分も給料を使ったのは無駄だったということだ。

募集　上海最高級ホテル〇〇　スイートルーム
定員　30名
内容　スイートルーム（2888元／一泊）
費用　96元（一人）
撮影時間　10分（一人）
（服装、バッグ、小物などのオプションは別料金）

首にも指にも輝くダイヤモンドをつけて、キングサイズのふわふわベッドに沈める体の横に、限定販売のエルメスの新作バッグがさりげなく置いてある……。

「名媛イベント」への参加を繰り返し、カメラレンズに向け蝶々の目や表情の見せ方にせよ、ポーズの取り方にせよ心得てきたようで、写真の中の自分がどんどんきれいになって名媛の雰囲気を帯びてきた。

「金持ちってうらやましい」

「美女、今日いちだんときれいね」

「どんな化粧品使ってるの？」

定期的に写真を更新するので、見る者は、蝶々が謎の金持ち娘で、写真通りの優雅な暮らしをしていると思い込んだようだ。

そのお陰で彼女が販売する化粧品の売り上げも上がったし、恋心をアピールするような男性からのコメントも増えた。

人間も商品と一緒で包装が大事。灰かぶり姫に水晶の靴を履かせなければ、決して王子に出会えなかっただろう。つい最近一緒に写真を撮った「名媛」仲間は、網紅（ユーチューバー）になった。

そのようなことを小方と莉々に語りながら、「名媛写真」は自分にとって、「王子様との出会いに導いてくれる水晶の靴」だと思い、蝶々はますます時間とお金を名媛写真につぎ込んだ。シェアリングで週替わりのブランドバッグを持ち、営業に出る時も、友人との集まりに行く時も、お嬢様キャラを演出していた。

一方小方と莉々も蝶々が騙されていないことと、名媛写真効果を実際目にしたものだから、名媛群に入ることを決めた。

※　　　※

5月、「名媛群」に「有名エリート金融家に会えるパーティー」の知らせがアップされた。滅多に会えないという大物のため、会費が3000元（6万円）。

「チャンスが来たね。参加して金キラの王老五でも釣れたら、出稼ぎの苦労ともおさらばだね」

「3000元は高すぎよ。そんな大金一度に使い込んで、引っかかってくれる人がいなかったら残りの半年はどうやって暮らすの？」

莉々は顔をゆがめて躊躇《ためら》った。

「2時間3000元ね……ああたしその日出張でいないんだ」

本当かどうか小方も、体《てい》良く断った。

ふ～ん。親友の二人にあきれた蝶々は一人で参加することに。

金融パーティーの会場には、女の子ばかりの名媛撮影会と違って、男性も多く参加している。金キラの王老五《ワンロウウ》を釣るつもりで、蝶々は腕からエルメスの高級バッグをぶら下げ、ワイングラスを片手に、獲物を物色し始めた。

するとちょうどこちらを見ている、英国紳士風の背広に身を包んだ背の高い男性と目が合った。

「カッコいい」

男性は彼女に微笑みかけると、そっと近づいてきた。今日のために紳士ブランドを散々チェックして覚えた彼女は、目の前の男の身なりをさりげなくチェックし、背広の中のシャツもネクタイもやはり有名ブランドであることを確認。

「陳と言います。良かったらワインをもう一杯いかがですか」

「ええ。ありがとう。蝶々です。金融に興味があって……」

美男美女という二人。目の色で同じ目的だと通じ合ったので、互いをＷｅＣｈａｔの友だちに招き入れ、話すと気が合ってしまった。

蝶々はトイレに行ったついでに、陳のＳＮＳアカウントもチェックしてみた。写真がずらりと並んでいた。金持ちの二世のようで、自身も会社を経営していて、休日は海外旅行、ゴルフ、ダイビング、ヘリコプターの操縦など、普通の人では手の出せないような贅沢な趣味を楽しんでいる。

写真の中の陳は、服にせよ嗜好品にせよ車にせよ何もかも高級品で、欧米のファッション雑誌に登場するモデルに負けないカッコ良さだ。

トイレから再び陳の傍に戻ると、二人の会話は更に盛り上がって、パーティーが終わっても止まることなく、話しながら一緒に外に出た。

「送るよ」

陳は蝶々を近くの駐車場まで連れて行き、白いＢＭＷのところで立ち止まった。

「嬉しい」

蝶々は素直に喜んで、ＢＭＷに乗り込んだ。

「あ、そういえば僕、ワイン飲んでたんだよね。アルコール覚ましにコーヒーでもご一緒にしませんか？」

このまま帰ったら、この金キラ王老五に逃げられるかもとちょうど蝶々の気持ちも焦っていたところで、陳の誘いに乗らない手はない。彼女はするりと乗り込んだばかりの車から降りた。

そのあと彼女の望む通り、二人はカフェを飲み、そして近くのホテルに入っていった。

「大魚を釣ったよ」

翌朝男女が愛を交わしたベッドの写真を友だちグループに送ると、莉々と小方がすぐ反応した。

「わぉ、すごい効率」

「どんなどんな？　はやく王老五の写真見せてよ」

「27歳の富二代（金持ちの二世）、会社経営してるの。今度実物紹介するね。超イケメンだから」

それからというもの、陳を攻め落とそうと、蝶々はあれこれ知恵を絞った。デートに誘う頻度を上げて、ブランド品の紳士用の小物をプレゼントしたり、高級レストランに招待したりして、彼女曰く「金持ち釣る餌は金しかない」のだ、と。

つき合ってひと月。二人の恋愛はほぼ沸点に近いと判断した蝶々は、「親友に会わせたい」と申し出た。

「ほぉ。なら今週末僕の別荘に招待しようか？」

意外にも、陳はあっさり頷いた。それに教えてくれた別荘の場所が上海の金持ちしか住んでいないエリアだった。

週末、蝶々は一足早く陳の別荘に行き、まるで別荘の女主人のようにエプロンを腰に巻いた姿で、親友の二人を迎え入れた。果たしてイケメンの陳を見て、また華麗な別荘を見回りながら、莉々と小方はすごいすごいと言うばかりで、羨ましさや嫉妬の気持ちが目から溢れた。

経済力を言うなら小方は今も、小さな料理店を経営する実家から仕送りがあって、蝶々や莉々に比べてずっと恵まれている。また経済的には勝負にならない莉々だって、目鼻立ちがはっきりした洋風美人で、三人の中で最も際立って男の視線を惹きつける存在だ。

ワインがだいぶ入ってほろ酔い様子の陳。上機嫌な目で三人を眺め、女たちの提案で連絡先も交換した。

※　　※

あと一頑張りで、別荘の女主人になれる。しかし陳は、同棲を熱望する蝶々に、「別荘を結婚用にリフォームしたい」と返した。

仕事に別荘のリフォームも重なって、陳は急に忙しくなった。週数回もしていたデートは週1回、月1回と減って、ついに3か月も経ってようやく会うことになった。

その夜ホテルで情熱を燃やしたあと、陳はすぐに寝込んでしまった。自分の男が浮気でもしているじゃないかと疑った蝶々が、携帯をチェックしようとしたその時、メッセージが飛び込んできた。彼女は陳の指紋で携帯を解錠して中身を見ると、なんと小方と莉々からのものもあった。もちろん内容はいずれも親密関係を持つ男女の会話だった。

親友なのに私を裏切って、彼を奪い取るつもり？　蝶々は怒りに震えた。許してはならない。

翌日彼女は親友の二人を呼び出して、「裏切り者」やら「泥棒猫」やら「恥知らず」やらと罵倒した。

後ろめたさがあった二人は、首を下げて静かにしていたが、罵詈雑言に堪えられず、

「あなた結婚もしてないのに、公平に競争して何が悪いの？　だって向こうから誘ってきたということは、蝶々のこときっと、気に入ってないと思ってつい……」と莉々が言い返してきた。

「悪いけど、彼一番好きなのはあたしなんだよね」

続いて小方も口を開いた。

「はあ？　なんで？」

「彼の新しいアップルパソコンも腕時計も私からのプレゼントだし、別荘のリフォーム費用も出してるもん」

「リフォーム費用？」

「そうよ、8万元も」

「あたしも2万元出したけど」

「あたしも2万元」

「あと、彼と一緒に投資もした」

「あたしも」

「あたしも」

陳は、もしかして詐欺師？　三人は顔を見合わせて、同時にそう気づいたらしい。

慌ててそれぞれの携帯をオンにして陳と一緒に作った投資口座をチェックする。

案の定、蝶々の4万元、莉々の3万元、小方の10万元、すべて0になっていた。陳に電話をかけても、電源を切った状態で通じない。別荘に行ってみれば、借りている住人は、陳何某は知らず、告げられた持ち主の名は別である。

被害者意識が働いて、三人は再び一団結し策を練った。——恋に落ちたバカ女を演じて、色や金を餌に彼をおびき寄せるしかないのだと。

陳のSNSアカウントにしつこくメッセージを送り続けた結果、さすがに小方の「親からの仕送りが届いて投資を続けたい」に反応して返事が来た。

「会社の新しいプロジェクトへの投資にトラブルがあって、しばらく返信ができなくてごめん。明日いつものカフェで会おう」と。

詐欺師が現れる！　三人はすかさず警察に走った。

２０２０年9月19日夜、上海の某カフェ。陳は小方と楽しそうに話しているところ、突入してきた警察に逮捕された。

※　　※

28歳の陳は自動車修理工場で働く修理工である。女性からお金を騙し取るために度々、工場に預けられた客の車を勝手に乗り回していた。ゴルフ、ダイビング、ヘリコプター操縦などの写真は、彼が20元を払って、ネットショップサイトにある「写真家群」に加入し、サイトから提供された素材としての写真に、コピペの手法で自分を入れたものだった。

楊逸の目 「バーチャル」という落とし穴

交友はインターネット、金はデジタル、「収納」はクラウド、生活はスマートフォン頼みというIT時代の今日。バーチャルで組み立てられた「現実」も一昔前より変化に富み、想像力が刺激された人々に、新たな可能性や希望をもたらす一方、欲望も膨らませました。

そんなネットバーチャルの時代に便乗して詐欺を働く類の事件は、近年日本でもオレオレ詐欺に続き、ネット金融やら出会い系やらのトラブルに関するニュースが多いけれど、中国とは比べものになりません。

例えば今回の主人公蝶々。彼女はまぎれもなく被害者でしょう。しかしもし、彼女がパーティーで出会ったのが詐欺師の陳ではなく、本物のエリート男性だったらと考えると、「名媛」の彼女は人を欺《あざむ》く加害者になっていたことでしょう。

現に「資産運用」「不動産売買」「株FX講座」「マーチングサイト」「人材仲介」「移民相談」「DNA鑑定」等々、「インターネットビジネス」と称する広告の多くは、詐欺グループが巧みに仕掛けた「落とし穴」も多く存在しています。

とりわけ焦って就職口を見つけようとネットサーフィンして、「高給で人材急募」なんて広告に飛びつく若者は、実際始めてみると、異性（男であれば女の落とし方、女には男の落とし方）に「性的にアピールして惹きつけて、詐欺用のＡｐｐ（アプリ）に投資するよう」トレーニングを受けたのち犯罪に走って、結果加害者として逮捕されるケースがネットで散見されます。

また最初は無理やりグループ犯罪に加わったにもかかわらず、やがて詐欺の手口を身につけて、「一人立ち」し、「被害者から加害者への変身を遂げる」ケースも少なからずあります。

この話に登場する加害者の陳の、成功者らしい服装も振舞もどこかでトレーニングされたものかもしれません。

「網警（ネット警察）」数が世界一と誇る中国、言論を厳しく監視し取り締まる一方、こうした日常のネット犯罪についてはかえって放任したまま。なぜ？

その莫大な利益に群がる、背後のブラックハンドは、庶民ではなく、権力者の一族郎党だと囁かれています。

中国ではスマートフォンは、もはや罠にかかって「騙し騙され」のループに嵌《はま》る「入口」になっているのです。

事件8 公務員になるはずが刑務所に

1989年安徽《あんき》省の農村生まれの孫斌《スンビン》は、頭の良い子であると先生にも親にもよく褒められていた。春夏秋の三期は太陽を背中に土を耕し、冬になると南京や上海などに出稼ぎに行く両親のもとで、彼は清貧な生活ながらも、周りの学友に劣ることなく明るく育った。

「勉強を頑張って良い大学に行ければ、エリートになって都会でよい暮らしができるんだよ」という両親からの期待の言葉を長いこと聞いているうちに、やがてそれが血液に溶け込んだようで、彼も運命を変えるには、良い大学に進学するのが唯一の道だと思い込み、勉強に打ち込んだ。

その甲斐あって、中学高校とトップの成績を保ち、2007年の大学入試で、第二志望の合肥《ごうひ》市にある某有名大学のIT情報学科に入った。

農村出身とはいえ、180㎝もある長身にがっしりした体格、そして自信に満ちた顔は、多くの女学生の視線を惹きつける。大学2年の時、彼に彼女ができて、本格的な恋愛が始まった。

相手は金融管理専攻の同級生小絹《ショウチュエン》。合肥に生まれ育った彼女は、年商数千万元という会社を経営する父と専業主婦の母を持ついわゆる「富二代（金持ち二世）」である。顔も体つきも華奢《きゃしゃ》である一方、性格が明るく社交的で、男子学生の間でマドンナ的な存在であった。

ある大学のイベントに参加した彼女は、孫斌に一目惚れし、積極的にアプローチしてきた。――ぼろ籠が、飛び込んでくる鳳凰《ほうおう》を拒否するわけなどない。孫はその愛に熱く応えた。

2011年大学を卒業した二人。家業を継ぐ予定の小絹は当初、孫斌も父親の会社に就職させるつもりでいたが、「ヒモ男」と見られるのではないかと恐れて、プライドの高い孫はそれを断った。

小絹の家庭と釣り合うような体面を保てる会社と給料を狙って就活に奔走するも、届くのは「不合格通知」ばかりで、そのうち孫は絶望に追い込まれる。さんざん悩んだすえ、一縷《る》の光を見いだした。——公務員試験だ。公務員に受かれば、小絹との差を縮めて、彼女の結婚相手としてきっと彼女の両親も受け入れてくれる。

小絹もその考えに賛成し、試験勉強に集中させるために、近くでアパートを見つけ孫斌を住まわせた。10月、孫は一回目の公務員試験を受けた。急に決めたことで、準備時間が短かく、落ちるのは予想のうちで、来年再挑戦するつもりでいた。

彼女のサポートに甘えるのはいいが、自分の学費などでかなりの借金を背負った両親を説得するのは簡単ではなかった。

「今時の就職はほぼコネが勝負」、「金もコネもない農民出身の学生は荷物配達の仕事か集合マンションの保安（警備員）かの仕事しかない」、「公務員になれば、鉄飯碗（食いはぐれのない職業）を手にして戸籍も合肥市のものになるし、一生安泰だよ」などと言い聞かせて、両親は、「あと1年だけ、生活費を月500元（1万円）出す」の条件で頷いてくれた。

※　※

2012年10月、孫は二回目の公務員試験に挑んだ。結果はまた不合格。予想していない分ショックもとんでもなく大きかった。ひどく落ち込んで心身ともに憔悴し、しばらく立ち直れなかった孫。小絹が心配し、やめて別の仕事を見つけるか公務員試験の予備校に行くかと提案した。

公務員と同等の仕事を見つける可能性も予備校に行く経済力もないことを重々わかっている孫はしきりに首を振り、「公務員試験に受かるくらいの実力、俺にはある。来年こそ絶対に受かるから」と言い聞かせ、両親を半ば無理やりに了承させた。

一方で、小絹の両親は、娘に長くつき合っている彼がいることを知らず、そろそろ結婚しないまま25歳を超えたら、剰女《ションニュウ》（残りもの女）になってしまうことを心配し、娘に見合いを勧め始めた。

父親に抗《あらが》えず海外留学帰りの高学歴エリートやら会社経営の富二代やらとの見合いに数回行っては、いずれも話に乗らなかったり時に無礼な態度を見せたりして縁談をダメにした。そんな娘を見てさすがに父親も平然としてはいられなくなった。

2013年5月のある日、「学歴も出身もこれほど完璧な青年はいやしない。今度は父さんも母さんも一緒に行くから、向こうのご両親も来て、気が合えば結婚前提でつき合うんだね」と父親は真顔で、相手の写真を小絹に差し出した。

追い詰められた小絹はついに、孫の存在を両親に告げた。――「大学2年からつき合っている恋人がいるの。すごく優秀な人で、今安徽省庁で税務関係の仕事している」のだと。

「4、5年もつき合ってる人がいるなんて、そんな風に全然見えなかったな。見合いを断るための口実じゃないのか？」

父親は半信半疑で、一度会わせてくれと言い出した。

「いや実は彼入庁したばかりで今、新人研修などで忙しくて、少し落ち着いてからと思っていて」

とっさに小絹はそんな嘘をつきながら、脳裏に過《よぎ》った「もし彼が落ちたら」という不安を排除し、半年後試験に合格して公務員になる彼の姿を思い描いた。

果たして2013年10月、三度目の公務員試験にわずか3点差でまた落第。合格の知らせを待って、小絹の家を訪ね結婚を申し込む予定まで組んでいたというのに……。

「もうあきらめる」と呟いた彼に対して、「もう一回、最後にもう一回だけ、頑張ってほしい」と彼女は、強い渇望を弱々しく吐いた。

※　※

1年があっという間に経ってしまった。2014年の夏になっても、娘がつき合っているという恋人を未だに会わせてくれないことを不審に思った小絹の両親は、またあれこれ詮索し出した。

「1年以上も経ったのに、彼はどうしたんだ？」

「あなたはもう25歳よ。お父さんの言うことを聞いて早くお見合いしないと」

小絹も焦っている。だが試験勉強で憔悴しきった孫は、とても両親に会わせられそうな精神状態ではない。

「ああ11月ね。彼が担当しているプロジェクトは10月末に終わるから、その後なら会わせるね」

両親をうまく誤魔化した小絹。経済的に孫をサポートするばかりでなく、ストレスの解消法から公務員試験を受けるコツまで色々調べて、難関を乗り越えられるように彼を手伝った。

思いが通じたのか。２０１４年、四度目の公務員試験に臨んだ孫。筆記試験の成績は合格ラインを大きく上回って、ついに面接へと進むことに。

結果通知書を手にして、「あなたが受かると信じてたんだから」。小絹は孫以上に涙ぐんで喜んだ。

翌日、二人はお土産を手に提げて小絹の両親に挨拶に行く。

待ちに待った娘婿。担当するプロジェクトのために日々残業したせいで、顔がだいぶやつれているけれど、長身でハンサム、それに堅実そうに見えたので、胸を撫でおろして「6年もつき合っているんだから、そろそろ結婚を考えても……」と言った。

「年末に婚約するつもりです」

親に認められた。二人は互いに意味ありげな目線を送って笑い合った。

しかし幸せは、脆くて壊れやすいものだ。

1月後、孫はあっさり公務員採用面接で落とされてしまった。4年間も費やして難関を突破したと思ったら、目の前にもっと頑丈な石壁が立ちはだかっていたのが見えず、思い切りぶつかってしまった。

堪えがたい悲報、小絹の両親には、娘がこの年末婚約する相手は省庁に勤める公務員であると思わせている以上、孫はもう公務員になるしかない。

「来年もう一度挑戦するしかない。あなたなら絶対にできるんだから」

小絹の言うことを聞き入れずに公務員をあきらめたら、恋人も失ってしまうのだ。

仕方ない。孫は再びアパートに引きこもって、勉強するしかない。しかし長い試験勉強と精神的なプレッシャーで衰弱し、不眠症や焦燥症に罹って、勉強になかなか集中できなくなっていた。

彼を見て心痛める小絹は、栄養のある食べ物を料理したり、脳に良いサプリメントを買ってきたりと一段と優しく世話を焼いてくれた。

2015年10月、五度目の公務員試験。孫は散々な成績で敗れ去った。

もう無理。

二人は抱き合って号泣し、どちらも言葉に出していないけれど、そう思うのだった。

「でも、もう一回。最後にもう一回だけ」

小絹は涙を拭うと、これまで何回も繰り返した言葉がまた口から零れた。

「お願いだから、お父さんに本当のこと言ってくれ」

「本当のことを言ったら、別れさせられちゃうに決まってる。だから最後にもう一回試験を受けて」

六度目の試験を受ける。孫は力なく頷いた。

ところが、小絹の両親は、前年末に婚約するはずの娘が1年経ってもしておらず、孫斌もそれきり姿を見せないことが気になって、様子を訊ねても「忙しい」の一点張りでごまかされてしまうので、「1年も経ったんだ。どんなに忙しいかわからんが、無理やりでも彼を連れておいで。話があるんだ」と父親がついに切れた。

いつまでも逃げていられない。2015年末、小絹は孫を連れて家に帰った。

「小絹と結婚する気があるのか？」

父親の威厳のある目に睨まれた孫は怯えながら、「あります」と答えた。

「なら新居のマンションを買うんだな」

「あ、はい。買います。来年中に」

仕事もなく、親からの月500元の仕送りと、家賃を含め彼女のサポートなしでは生きて行けない男。マンションを買うなんて……。やはり公務員試験を頑張るしかない。気が進まなくても、他に道がない。

勉強に打ち込みたい孫。その一方、娘を心配する小絹の父親は「新居を買う」ように頻繁に催促してくる。2016年7月になって「今月中に新居を買わなければ、娘との結婚はもう許さん」の最後通牒を出した。

慌てふためく二人、さっそく対策を話し合うことに。

「頭金もないんだから、お父さんから借りられないかね」

「だめ。そもそも新居を買うというのは、お父さんがあなたの本気度を試すためのもので、借金を申し込んだ時点で、別れさせられちゃうよ」

「じゃどうすればいいって言うんだ。俺仕事してないし、親が仕送りするだけでいっぱいいっぱいなんだよ……」

孫は言葉がつかえた。

しばらく沈黙が続いたあと、孫は再び口を開く、「お父さんの会社の通帳はきみが持っているんだよね。お父さんを誘拐して、30万元を出させるのってどう？」

「そんな、犯罪じゃない？」

「演技だよ。演技して、お父さんを人質に身代金30万元を手にして、すぐ解放するから危害など加えたり絶対しないから」

「うまく行くかな？」

「きみさえ警察に通報しなければね。金はいずれ俺が公務員になったら返すから。俺たちの愛を救うために、そうするしかないんだよ」

※　　　　※

２０１６年8月26日夜10時過ぎ、「足が捻挫して歩けないので迎えに来て」と小絹は電話で父を呼び出した。

心配した父親は深く考えず、娘が待っているというマンションの裏にある駐車場に駆けつけた。だが、駐車場の入口に入るや、突然両脇から二人の男が飛び出してきて、彼の両手を掴むと、横の車の中に引きずり込んだ。

「反抗するんじゃないぞ。娘に30万元を用意するよう電話するんだ」

バックシートで父親の首にナイフを突きつけ一人はそう脅した。けれど父親は怯えなかった。彼はいたって冷静な口調で「金はやれないね。殺してくれて構わんさ」と言った。

誘拐にあたった二人は、孫のいとことその友人で、事前に人質をケガさせたり死なせたり絶対にしてはならないと言いつけられたものだから、もうお手上げ状態。

いとこはＷｅＣｈａｔで孫に報告し、指示を待つ。ほどなくして、孫は小絹の電話番号を送ってきて直接電話するようと指示した。

電話を受けた小絹は二つ返事で、あらかじめ用意してあった30万元を持って駐車場に行き、孫に渡した。

「取引完了」のメッセージを受け、誘拐犯の二人は、「警察に通報したら、家族皆殺しだぞ」などと脅迫したうえで、父親を解放した。

20分ほどで無事に帰宅した父親。考えれば考えるほど身近にいる人間の仕業であると疑うようになり、警察に通報した。

・計画性のある犯行なのに、なぜ犯人は普段父親が行かない時間に駐車場で待ち受けていたのか。

・犯人から電話を受けた小絹にはなぜ手元に30万元の大金があったのか。しかも電話を受けて、本当かどうかも確認せずにその金を駐車場に持って行ったのか。

・犯人はなぜ小絹の電話番号を知ったのか。

等々を調べていくと、小絹は事件当日の午後、まるで事前に「身代金が要求される」ことを知っていたかのように父親に内緒で、銀行から30万元の現金をおろしていたことがわかった。

事情聴取された小絹はあっさり、「父親誘拐」は彼と共謀でやったと白状した。

逮捕された四人は２０１７年1月5日に起訴された。

父親は、小絹の犯行は家庭内トラブルとして娘の釈放を求めたが、却下された。２月中旬に判決が下された。――主犯孫斌と小絹、ともに身代金誘拐罪の罪で有罪となり、懲役5年、罰金５千元に処する、と。

楊逸の目　格差の呪縛

文化大革命時代に、「縮小三大差別」「消滅三大差別」というスローガンがありました。差別は格差の意で、三大格差とは「工員と農民の格差、都市と農村の格差、頭脳労働者と肉体労働者の格差」です。つまり当時、毛沢東も共産党も、中国社会に存在したひどい不平等について認識し、問題意識も持っていたようで、その格差を縮めて、いずれ消滅させる意志をスローガンに表したものだと、子どもだった私は理解していました。

１９７０年、家族とともに下放された時に私も実際、三大格差を経験させられました。国全体がまだ貧しい中でありながらも、戸籍制度によって、どんなに賢くてもどんなに優れた頭脳を持っていても、農民の親から生まれたとたん、死ぬまで農民として農作業をする運命が決まってしまうのでした。

差別的な戸籍制度さえ廃止すれば、そんな格差は自ずと消滅してしまうのに。だが、そんな簡単なことも、毛沢東も共産党も数十年スローガンを叫ぶだけで、なぜか行動一つ起こしませんでした。その後来日し、疑問をもつようになった私は、だいぶ思い悩んで、やがてそれが民心（大衆心理）を操る「魔法」だと悟りました。

80年代末から改革開放と経済発展を謳って、定量供給制度も廃止されたことで、「農民工（出稼ぎ労働者）」が現れ、農民の置かれた状況が改善されたかのように見受けました。しかしこの事件を起こした孫を見れば、決してそうではないことがわかります。

かつての「三大格差」が解消されていないばかりに、「富裕層と貧民の格差」、「コネのあるものとないものの格差」、「公務員と民間人の格差」など、腐敗した権力のもとに格差はどんどんはびこって、中国はもはや、下層民に少しも生きる隙《すき》を与えない、とんでもない格差社会になっていたのでした。

優秀な青年孫に魅かれて、彼を愛し、経済的にも精神的にも支えて、公務員にさえなってくれれば、自分にふさわしい「身分」を手に入れてめでたく結婚できると期待した小絹。最初、今の時代には得難い「愛に一途な女の子」に見えて、感動すら覚えましたが……。

格差によって歪められた価値観を持った者同士が、正常な人生を築けるのか。あるいはそんなことを期待するのは、今の中国では正常ではないのかもしれません。

事件9

一人息子の奪い合い

離婚する両親が自分の親権を巡って法廷争いをしている。「子どもの意思を確かめる」ために出廷を求められたのは、2012年3月、宋小林《ソンショウリン》が12歳の誕生日を迎える3か月前のことだった。

これまで通りに三人家族仲良く暮らしたいのだが、しかし父も母ももう別々の家に引っ越していて、どちらにつくか選択しなければならない。両親のどちらも失いたくない。彼は、散々迷って、裁判官に「父とも母とも離れたくないから、どちらの家にも行きたいときに僕が自由に行けるようにしてください」と言った。

戸惑った裁判官がなお決めかねた様子を見せていると、小林の両親は申し合わせたかのように「良いじゃないか。そうしましょう」と納得した表情になる。

というわけで、その日、法廷が終わると、小林は手を母親に引かれて母の家に泊まることになったらしい。だが横にいた父親は納得できず、「父さんの家に行くんだ」と息子のもう一方の手を引っ張った。

小林は慌てた。夫婦喧嘩が勃発する寸前に「明日パパの家に行くから、夜また電話するね」と言って、事を収めた。

小林の父である宋明は45歳、母の趙美39歳。ともに瀋陽市に在住し、年商数百万元の食品加工会社を経営していた。元々一緒に起業し商売を拡大して成功した二人だから、夫婦仲は良かったのだが、つい最近、趙美は、夫が若い女性と不倫しているところを目撃し、大喧嘩した挙句、離婚へと急転したのだった。

その日、小林は法廷から出た後、母に連れられ、高級洋食レストランで豪華なディナーを楽しんでから母の家に帰った。

「小林、おまえはママの命なんだ。パパが泥棒猫の女に心移りしたけど、ママは決して再婚なんかしない。おまえだけ一生愛しているよ」

母子がテレビの前に座ったが、番組に目もくれず、母は繰り返し自分の愛を息子に言い聞かせた。

その間中、息子はむろん我慢して嬉しそうな表情を装って耳を傾けていた。夜も更けて、「寝るね」と告げて自分の部屋に戻るなり、鞄から最新モデルのｉＰｈｏｎｅをとり出して父親に電話をかける。

「明日学校が終わったら迎えの車を行かせるからな」

２時間も続いた通話。終《しま》いに父が名残惜しそうな声で息子への愛を口にした。彼はゆくゆく後妻にするつもりの若い愛人にも、「俺をどう扱ってもかまわんが、息子のことで少しでもないがしろにしたら、すぐこの家から出て行ってもらうからな。俺と結婚したいなら、子どもを産まない覚悟で息子を大事にしろ。俺は小林以外子どもはいらない」と言い渡したそうだ。

※　　※

それからというもの、自分を奪い合う両親に喧嘩させないために、小林は公平に二つの家に泊まるようにスケジュールを作り、それに従って行動した。

放課後、学校から出れば、そこに日替わりで父か母かの高級車が必ず待っている。二台の時もあった。ある日、父の番のはずだったが、なぜか母も来ていた。

「あたし来週出張だから、今週も息子と一緒にいたいの」

「俺もだよ。今週末に山東の農場に視察に行かなきゃならんし。それに小林と買い物の約束しているんだ」

「そんなの知るもんですか。あんたはあの女がいりゃ満足でしょ」

二人はまた一触即発だ。一緒に出てきたクラスメートたちの前で、小林は焦った。手で母の腕を引っ張り、同時に顔を父に向けた。――「パパ、僕今夜とりあえずママのところに泊まるね。夜電話するからパパに頼みたいこともあるし」

怒っているパパも、息子の「頼みたいことがある」と聞いて、表情が途端に和らいだ。「任せて、何でもやってやるさ。電話待ってるからな」と言って、素直に引き下がった。

両親から注がれた愛情にむせそうになりながらも耐えて、夏を迎えた。小林の12歳の誕生日――8月14日も近づいてきた。

誕生日をどう祝おうか？

ひと月前というのに、父親と母親の両方から同じ質問をされて、彼は深刻に悩み始めた。

自分が生まれた日が決まっていて、2日に分けることは不可能。しかし、両親のどちらか一方だけ断るわけにもいかない。しかも二人とも早々に息子の誕生パーティーを企画して準備もしている。

散々悩んだ末、小林は打ち合わせと称して、両親を呼んだ。

「僕の誕生パーティー二部制にするよ。時間帯をコインを投げて決めて」という。

コイン投げの結果、一部は朝8時から午後2時まで母、二部は午後3時から夜9時まで父が主催することに。

誕生日当日の朝6時、母の趙社長は会社の100人近い従業員を引き連れて、会場として借り切った有名五つ星ホテルに入り、準備を始めた。招待客は500名ほど。家族親戚と息子の先生やクラスメートのほか、会社の取引先の関係者も含まれる。

ホテルの入り口に巨大な赤提灯を吊し上げ、上層階から「祝宋小林生日快楽！」の垂れ幕を飾った。中に入れば、ロビーから主会場まで数メートルの大きさに伸ばした写真が掛けられており、来客が会場に向かえば、0歳から12歳まで小林の成長を見ることができるのだ。

また絵画界の名人たちに描いてもらった、誕生日祝賀の書画や、息子の好きな歌手やサッカー選手のサイン入りのグッズ、母から贈られた有名ブランドの服や靴、12歳の男の子なら誰も喉から手が出るほど欲しがってもなかなか手に入らない高級品をずらりと並べた特別展示室もあった。

パーティーは時間通りに始まった。主会場の大ホールの明かりが突然消されたと思ったら、中央から蝋燭《ろうそく》の火が一つ二つ三つ……と点され、輪の真ん中にタワースタイルの誕生ケーキが現れた。続いて音楽、「ハッピーバースデー」はプロのバンドによる生演奏だ。皇帝風の衣装を着た主役の小林は、足を音符に合わせるかのような歩き方で登場し、蝋燭の火を吹き消した。

フランスのシャンパンで乾杯し、贅を尽くした料理に舌鼓を打ちながら、客たちは本格的な歌謡ショーを楽しむ。

午後2時、お開きの時間だ。ホテル前の広場に客たちが出てくるのを待って、お祝いの色紙を吊るした風船100個が、一斉に放たれた。

一方の小林は息継ぐ間もなく、迎えのハイヤーに乗り込み、父が主催するパーティーに向かった。

会場は郊外の山麓にある野外リゾート施設。晴れて青く澄み切った空の下に、五色の生花の「祝生日快楽」の花壇が設《しつら》えられて、観光バスで連れてきた200名の招待客は、それを囲んで彼を待っている。

椅子やテーブル、バーベキューセットも、肉や海鮮などの食材もバランス良く配されており、やはりその中心に、花で飾った特別席が一つあった。主役小林がそこに座ると、宴会がようやく始まる。

野外とは言え、音楽やショーはやはり欠かせないステータスである。やがて日が暮れて、ファイアーが焚《た》かれ、花火も用意されていた。

※　※

そろそろ中学校に上がる年だ。元々家の近くにある瀋陽一良い学校に行くつもりで、両親は数年前から毎年3万元という寄付をしてきた。むろんそれは彼らが離婚する前の話で、離婚によって二つの愛に引き裂かれそうになった小林は、もううんざりして逃げる方法を考え始めた。

「全寮制の貴族学校もある」

そんな情報をキャッチした彼は、また両親を呼びつけて、郊外の私立貴族学校に行きたいと伝える。

案の定一方が反対すれば、もう一方は必ず賛成に回った。この離婚した夫婦は、相手に勝つことだけが目的のようで、「意見一致」なんてありえないこと。

「将来の進学を考えるなら、やっぱり瀋陽一の中学校に行った方が良いぞ」と父。

「学費が高いからお金を払いたくないだけじゃないの。この貴族学校はイギリスのケンブリッジと合資で、将来留学もできるし。小林、学費ならママが全部出してやるから、心配ないのよ」と母。

金の話になると、父はすくっと立ち上がって、「金がいくらかかっても全額父さんが負担するから心配するな」と胸を叩いた。「議題」が途端に「金の出し方」に移ってしまい、貴族学校に行くことはすんなり決まったのだった。

希望どおり全寮制に入った小林だが、期待と裏腹の展開になるとは予想できなかった。帰宅できる週末――土曜を母と、日曜を父と過ごす――がうまく分配できたのをホッとする間もなく、夕食時間が狙われた。

栄養不良が心配と言って、元夫婦はそれぞれ仕事を部下に任せ、夕方になると、高級車を学校の前に止めて息子を待ち、豪華なディナーに連れ出す。愛の競争がどんどん激しくなり、やがて小林はランチも学校の食堂で食べられなくなった。

そのうち、家に泊めさせてほしいと母が先生に申し出て息子を連れて帰るようになったのを知るや、父も真似してやり出す。小林にとってついに「全寮制」の意味もなくなってしまった。

愛は足枷《かせ》。それにきつく囚《とら》われた小林。反抗心を表すためか学校の授業をさぼったり、ネットカフェに入り浸ったり、懸命にトラブルを起こし、両親からもらう金を湯水のように使い、カラオケやバーに行って学友をおごったり、CDやゲームソフトなどをプレゼントしたりして、自分よりずっと金持ちの親を持つ学友が多いというのに。そうするほか、親への報復の快感を味わい己を癒す方法がなかったのだった。

息子が変わった。問題児になった。

学校から呼び出しの回数が増えるとともに、危機意識が高まる両親は互いに「甘やかし過ぎ」と責め合い、喧嘩もエスカレート……。

どこか「愛」のない遠いところに逃げれば良い……ある時小林は閃いた。それからというもの、彼はあれこれ口実を作って金を無心するようになった。

※　※

2013年9月小林は6万元の入った銀行カードを握って、広州への列車に乗った。広州に着くと、駅前の小旅館に寝泊まりし、辺りに出没する不良の家出少年の仲間入りをした。

ひと月かかって、父親の宋は「広州で銀行カードが使用された」という情報を入手し、元妻の趙に知らせると、元夫婦の二人はすぐ、それぞれ会社の従業員十数人を引き連れて広州に赴いた。

30人もの体格の良い「東北大漢」が手分けして、広州中のホテルを隈なく捜索する。ついに、あるホテルの一室のベッドでゲームをやっている小林を見つけ出した。

宋と趙、競って息子に駆け寄って抱きしめようとした。しかし小林は激しく反抗し、両親に向かって拳を挙げ足も蹴り出すではないか。

驚いた一行は、どうすれば良いかわからずお手上げ状態。隙を狙ってなお逃げようとする小林の肩を摑んだ宋は彼を縛って無理やり瀋陽に連れて帰った。

心が病んでいると気づいた元夫婦は、そんな小林を家に閉じ込め24時間看護しながら、良い精神科病院を探す。

11月に入ったある日、宋と趙が揃って息子に精神科を受診するよう説得し始めた。精神科と聞くなり、静かだった小林は突然半狂乱になる。

「俺が大事じゃないのか？　大事な息子を精神病院に送り込むのか？　悪魔の親め……」

「いやそうじゃないのよ。小林、早く病気を治して、おまえが元気になってほしいからよ。おまえはママの命より大事なんだよ」

母親は手を息子に伸ばし、宥めようとした。

「嘘だ。嘘ばかりだ……」

小林は母の手を拳で遮った。

「やめるんだ。明日はおまえを縛ってでも病院に連れて行くからな」

父親の宋は初めて、怒った口調で息子に言い返した。

「はは縛っていくんだと？　先に殺《や》ってやる」

激昂した小林は、傍のテーブルから果物ナイフを手に掴むと、両親に襲いかかった。


通報を受け、救急車で運ばれた小林の両親はともに重傷を負った。――父親宋は、胸と右肩など刺された9か所のうち、腱筋3本と血管2本断裂。母親趙は、顔、胸と両腕6か所を刺され、顔面腱筋と、血管2本を断裂された。

一方の小林は、人格障害と躁鬱症など重度の心身症に罹ったと診断され、精神病院に入院させられた。日常生活に復帰するには、少なくても3か月の入院治療と、1年以上の心理カウンセリングが必要だった。

楊逸の目

物質化された「愛」

ノンフィクション作家の河添恵子さんに『中国人とは愛を語れない』という著書がある。このケースを整理し終わった今、私の心情はまさにタイトル通りになりました。中国人の我らはどうしたのだろう。手を胸にあてて自問せずにいられませんでした。

「愛」、文革中に生まれ育った私の世代にとってそれは、「我愛毛主席（毛主席を愛する）」とか「我愛北京天安門（北京の天安門を愛する）」とかの場合限定で使用する言葉で、両親姉弟の間ないし恋愛相手に使うと、「ブルジョア的退廃感情」「搾取階級の虚偽」「不潔」とされ、口にするのが憚《はばか》れました。

つまり共産党は、１９４９年に建国してから90年代にかけておよそ40年の間、強権を以て愛という本来人間的な感情を、人々の心から根こそぎ抜き取り、抹殺したのです。

80年代の末に香港、台湾から持ち込まれたテレサ・テンの歌がこっそり流行し出して、蜜が骨の芯まで浸透してくる甘い曲と「愛」やら「情」やら「恋するあなた」やらの歌詞が耳に流れ込むと、「低俗趣味」「資本主義の毒」「蝕《むしば》まれちゃう」などと私の「罪意識」

が猛反発したのを覚えています。

無駄な抵抗でした。良い歌とりわけテレサ・テンが歌う「情歌」が、聴くものの心に語りかけて、久しく失っていた（あるいは持ったことのなかった）生身の人間の、あるべき自然の情感を呼び起こしたのでした。

以来「愛」が中国大陸を風靡し、「愛の奇跡」を語るようなテレビ番組も一気に増えました。むろんその多くはのちに「やらせ」であるとバレたけれど。その類の話は大抵、内容そのものも話が狙う効果も「金が絡んでいる」のが特徴でした。

「愛」について中国人的な解釈、理解と表現は、このケースから窺《うかが》えるでしょう。――周りの人が羨《うらや》むくらい経済的に恵まれていること。衣食住何でも値段の高い高級品を使い、贅沢を尽くすような生活。愛するものも愛されるものもじわじわ味わわせる「感情」よりは、人々に見せつけて、嫉妬させる派手なパフォーマンスが重要。

そういった物質化された「愛」が原因で、悲劇を引き起こした事件が現代の中国にはとりわけ多いようです。

第四章

欲が肥大し、やがて哀しき人々

事件10
兄の愛人を妻にさせられて

1976年生まれの彼。30歳すぎても「小強《ショウチャン》」と呼ばれていた。60歳代の老父母、40歳代の長姉夫婦や2歳上の兄大剛《ダーゴン》とその妻の小敏《ショウミン》はともかくとして、8歳若い妻新々《シンシン》からも「小強、楽々《ルールー》にアイスを買って来て！」などと、いつも命令口調で使われる。

遼寧省《りょうねい》の貧しい農家に生まれ育ったとはいえ、小強は田舎の子らしい逞しさを持って生まれた姉兄と違って、内気な性格で体質も病気がちで、成人しても身長も体格も「文弱」のままである。

「重労働ができそうにないから、進学させるしかない」との暗黙の了解があったのか。家の負担を軽くして、小強にお金をかけるために、姉は18歳で隣村に嫁ぎ、兄も高校に行かず、15歳になると出稼ぎに出かけた。

姉と兄からの送金のお陰もあって、家族が望む通り小強はある地方大学に受かって、4

年間真面目に勉強し、1998年、無事に卒業した。一方の兄大剛は、出稼ぎ生活を10年間、初めの建築現場での日雇い労働者から工場の工員、レストランの洗い場、警備員など様々な仕事を経験し、貯めたお金で、地元で小さなレストランを経営するようになっていた。

内気な弟が就職できていないのを知ると、すぐ金とコネをフルに使って、県政府の糧食管理局が直轄する種子供給公司に入れてやった。

末息子も自立できた。〝脱貧〟した一家は、幸せを喜びあったのは言うまでもない。

翌年やり手の大剛は、県営の煉瓦工場の経営が民間委託されることを聞きつけて、レストランを人に譲り、集めた金を工場に投じた。

大当たりだった。経営して数年後、両親に実家のぼろ家を二階建ての洋館に建て直しただけでなく、農作業でギリギリに暮らしていた姉夫婦に商売させるために県城の繁華街に面する店舗を買い与え、大金を使ってその一人息子の戸籍を「農業」から「非農業」に書き替えた。

「一人が成功すれば一家を救う」……そんな農家の伝統を受け継いで、長男としての大剛は、ありったけの能力と財力を家族に注ぐのだった。

そんな大剛に比べ、小強は不運だった。２００２年、彼が勤める種子供給公司は行政改革に遭い、格下げや規模縮小などによって小強はリストラされ、あえなく失業。県営企業に入って一生安泰と思っていたのに、働いて3年足らず、退職金すらもらえないという有様。これじゃ親に会わせる顔もないじゃないか。

そう落ち込んでいると、大剛が現れて「兄ちゃんの会社に来りゃ良いさ」なんて場面はご想像できただろう。そう、小強はすぐ兄ちゃんの煉瓦工場に入り、財務会計の仕事をするようになった。

※　　※

面倒見の良い兄ちゃんは家族に尽くしてばかりの人生だったが、２００３年29歳になってようやく出稼ぎ先で出会った同郷の小敏《ショウミン》と結婚した。

長くつき合ってきた二人。レストランから煉瓦工場まで、事業を次々起こす大剛をずっと陰で支え、また家族を援助することにも文句一つ言わないばかりか、自分の家に新発売の液晶テレビを買えば、すぐ「お父さんとお母さんにも」などと自ら彼らに勧めるほど、根の優しい女性で、家族にも好かれている。

結婚した翌年二人に娘が生まれ、続いて小強も年末に結婚させられた。

弟の結婚祝いに、むろん大剛はまた長兄らしく、金を出して新居を建ててやった。しかし、小強は妻とうまく行かなかったようで、子どももできず、わずか3年ほどで離婚してしまった。

そのうち国の「新開発区」だの「建設ブーム」だのに乗って、煉瓦が売れに売れて、これまでの生産力では需要に追いつかないというので、新たに工場を建て規模拡大をはかった結果、やがて年商500万元（1億円）台に上り、大剛は小さな町の大富豪となる。

大富豪なのだから、振舞も身なりも大富豪らしくするに決まっている。内気で地味な小強も益々兄夫婦にべったりで、会社のことでも家のことでも声がかかれば二つ返事でやりこなす一方、ブランド物を買ったりベンツを乗り回したりするようにもなった。

和気藹々《あいあい》の生活が2011年まで続いたある日、煉瓦工場の社長室に突然、小敏の怒鳴り声が響いた。

「愛人と隠し子、いるんでしょ？　見たわよ」。

「誤解だよ」

「誤魔化しは許さないわ。この目で見たもの」

泣きじゃくる小敏に、野次馬が群がって、工場内は大騒ぎし、もう仕事どころではなかった。

「誤解だって。家に帰って話すから」

「誤解？　誤解じゃなかったら即離婚。家もこの工場も全部もらうからね」

小強の説得も手伝ってどうにか小敏を家に連れて帰った。

「いったい何が起きたの？」

再び工場に戻ってきた小強は社長の椅子に体を沈めている兄に訊いた。

兄は彼を、近くのレストランの個室に連れて行くと、数年前バーで出会った愛人新々《シンシン》の存在と、彼女との間に3歳になる息子楽々がいること、また彼女に買ったマンションに週に数回通っている現状を打ち明けた。

「そんな？　お姉さんに離婚させられちゃうよ」

「そうならないために、今おまえに相談しているんじゃないか」

「は、僕に相談しても、どうにかなるわけないし」

「どうにかなるさ」

小強は理解できなかったが、その後兄ちゃんに連れられて、新々母子が住む別宅に向かった……。

果たして翌日、小強は新々母子を連れて、兄ちゃん大剛の家に現れた。――お姉さんの小敏にお詫びしたいのだと言う。

小敏はもちろん戸惑った表情で、疑い深げに彼らの顔を見た。

「いや実は……」

小強はどもりながらも、バーで深酒した末新々と関係を持ち、妊娠させた一部始終と、その後責任を逃れ、新々母子に金もやらずに放任していたこと、そして兄ちゃんに知られ、不憫に思った兄ちゃんが、自分に代わって時たま小遣いを渡してくれたりしていることなどを話した。

初めこそボカンとして半ば疑った表情で聞いていた小敏。顔が徐々にゆるんできて、小強にも新々にも「ごめんなさい、許して」と真摯な態度で謝り、完全に納得して「誤解したこっちが悪かった」と言って頭を下げた。

一大危機がこんなにも簡単に丸く収まった。その日、小強と新々母子は兄ちゃんの家で小敏の手料理のランチを済ますと、兄夫婦と一緒に実家に行き、両親に挨拶する。

「こんなことになってしまった以上、もう結婚するしかないだろ」

小強が「物語」を話し終えるのを待たずに、大剛はすかさず結婚するよう勧めた。

「孫を生んでくれて何だけど、バーで働くそんな軽い女とは結婚を許すわけにいかん」

老いた両親も長姉夫婦も、首を横に振って固く反対した。気まずい空気の中、挨拶がまともにできず、小強と新々母子の関係もうやむやのままにされてしまった。

仕方なく、人前では小強が新々母子の面倒を見て、嫌々ながら責任を取らされた遊び人を演じて、兄ちゃんの不倫を隠す。ダメな弟を世話するために大剛が今度は堂々と新々母子が住むマンションに出入りし、奥さんの小敏まで、愚痴一つもらさず、おもちゃや子供服を買って旦那に持たせるのだった。

※　　　　　　　※

しばらく経って、小強が出張するついでに瀋陽に住む大学の同期と会い酒を飲んだ。まだ独り身であると知ると、同期は同じ独身の知り合いの女性をその場に呼んで紹介してくれた。

ともに第一印象が良かったので、結婚を前提につき合い始めた。出張から戻った数日後、小強は結婚を両親に相談するために実家に帰る。

「あの女は大剛の愛人で、楽々は私生児？」

そこで小強はすべてを打ち明けた。

驚いた両親は、顎がまるではずれそうなほど口を開けた。

「俺の女だって言って隠してきたけど、でも俺にも彼女ができて、いずれ結婚しようと思ってる。このままじゃ……」

「小強、おまえ何言ってんだ。おまえ今日があるのはすべてお兄ちゃんのお陰なんだぞ。お兄ちゃんは一家の大黒柱で救世主だ。大剛と小敏が離婚して困るのはわしらだろ……」

父親は急に態度が変わって兄ちゃんの恩を語り始めた。

訳がわからない小強が、頭を掻きむしっていると、今度は母親が口を開いた。

「お兄ちゃんを離婚させたらダメ。おまえがあの新々って女を妻にもらうのよ」と。

新々との結婚を猛反対していた両親に真実を打ち明ければ、苦境から脱出できると思っていたのに、このまさかの反応に小強も驚き閉口した。

さっそく小強の結婚について両親が動き出した。

まず、小強が結婚する条件で、新々との不倫関係を解消するように大剛を説得した。新々も富豪の愛人から富豪の弟の妻になることを了承し、自分と息子楽々のことが小敏に知られないように秘密にしておくことも約束した。

そして経済的な保障として、大剛は財産の3分の1を弟夫婦に分けることに合意した。

一方小強が瀋陽で知り合った恋人は、なんとなく人づてに小強の人柄について調べてもらったが、未婚ではあるものの、数年前にバーに勤める女性とつき合っていて、3歳になる息子まであることを知り、激怒して別れてしまった。

2012年末、小強は新々と結婚した。これまでの諸々の事情によって、本物の夫婦になっても普通の夫婦のように穏やかに暮らすのは極めて難しい。彼らを結んだ大剛を間に挟んでいるためか、どちらも相手と話すこともなく、触れたくもない。気まずい空気の中で一緒にいると余計によそよそしくなるだけなので、小強は仕事を口実に、夜な夜な飲み歩いて家に帰ることを避けていたが、まだ大人のドロドロがわからない楽々の存在がいつも緩衝材として働いてくれて、助かっていた。

だが休日に実家で家族が一堂に会するとき、新々は一々隙を見つけては大剛に近寄って、いちゃつこうとする。鈍感な小敏はまるで気づいていない様子で、台所から食卓まで忙しく動き回るが、小強は嫌な気持ちをグッと抑え込んで我慢するしかない。

結婚して半年経ったある日、「楽々が手を怪我したので病院に連れて行って」と、工場で仕事している小強に新々が電話をかけてきた。

「工場に連れてきて。車で病院に送るから」

と言って小強は電話を切り、仕事を片付け始めた。そろそろ母子が来る頃だと見計らって窓の前に行ってみると、ちょうど外出から戻った兄の大剛が、やってきた新々母子を迎えて、楽々を片腕に抱き上げ、新々に親密そうに語りかけるところだった。

正真正銘の「家族三人」だった。大きなショックを覚えた小強。眩暈《めまい》がして倒れそうになったが、頑張って下に降りると、楽々を車に載せて病院に連れて行った。

治療が終わっても家に帰る気がしないまま、工場に戻って、楽々を自分のオフィスの簡易ベッドに寝かそうとしていると、兄がまたふらりと現れて、

「ここ蚊が多くてよく眠れないから、うちに連れて行こうか?」と言った。

小強がうんと言う前に、楽々が「行く行く」と飛び上がって喜んだので、止めるわけにもいかなかった。

一体俺は何なんだ?

一つの疑問が小強の脳裏を過《よぎ》った。――妻も息子も家も仕事もすべて、兄ちゃんのもの。新々を妻にもらってからは、家でまともに寝ることも、寛《くつろ》ぐこともできなくなったばかりか、風邪をひいて高熱で寝込んでいようと、「妻」は見て見ぬふりで水一杯すら出し

てくれず、携帯をいじってWeChatで兄ちゃんといちゃついていたに違いない。何より辛いのは家族が両親の家に集まって一家団欒の時、自分だけがよそ者、いや捨て子のようで、独り隅っこで孤立感に潰されないように耐えるのである。

「楽々、パパと大剛おじさん、どちらが好き?」

胸にのしかかったものに押し出された質問なのか、ある時、小強は唐突に訊いた。

「大剛おじさん。何でも買ってくれるから」

息子の答えを聞いて、新々はげらげら笑って、

「あんた、自分の顔を鏡で見てみなよ。大剛に勝てるところ、あるの?」と言った。

「だったら大剛と結婚すりゃいいじゃないか?」

「ふーん。楽々、あんた一番愛してくれるのは大剛おじさんだよね。大きくなったらおじさんだけに親孝行するのよ」

夫婦喧嘩は大抵、そんなふうに始まって繰り返され、新々の鋭利なナイフさながらの言葉に傷付けられて、やがて無言になった小強が家を飛び出していくのだ。

何度も離婚を考えて両親に相談した。そのたびに、両親は頑なに首を振って、

「だめだ。離婚したらあの女がきっとまた大剛に付きまとうから」と止めるのだった。

心身ともに疲れ切って悶々と過ごす小強は、できるだけ帰宅する回数を減らし、たまに新々と会っても言葉を交わさないようになった。かたや新々はと言えば、邪魔者がいないのを良いことに、派手に着飾って出かける。

兄ちゃんと逢瀬を重ねているに違いない。暗に二人の行動を細かにチェックしている小強はそう確信した。

※　　　　※

2013年夏、ある暑い夜。久しぶりに帰宅した小強が入浴し終わってシャワー室から出てくると、楽しそうに電話していた新々は、慌てて電話を切り彼に話しかけた。

「ね、車買いたいんだけど」

「金がない」

「別にあんたに買ってもらおうとは思ってないわ。了承してもらうだけだから」

「了承しなくても、どうせ買ってもらうんだろ」

「悪い？　あんた、あたしのこと好きでもないのに何で結婚したのよ？」

「大剛のためじゃなきゃ、おまえみたいな女と結婚するわけないじゃないか」

「あたしだって、大剛と堂々と会うためじゃなければあんたなんかに嫁《とつ》がなかったわよ」

相手のイタい所を狙ってどちらも毒舌を尽くすうち、つい手が出た。新々も負けず嫌いのじゃじゃ馬ではあったけれど、半狂乱の男の力には到底かなわない。彼女がソファーに倒れ込んだすきに、小強は馬乗りになり、両手でその首を絞める。

1、2、3……、

どれほど時間が過ぎたのか、新々のもがく手足が弾力を失ったゴムのようにだらりと垂れ下がり、小強は我に返った。

楊逸の目　「個」は犠牲にしてかまわない存在

中国に「一人得道、鶏犬昇天」ということわざがあります。出典は二千年前後漢時代の王充が著した『論衡《ろんこう》』、——昔神仙になることに憧れて修行する劉安という者がいました。ある日彼が霊薬作りに成功し、それを服用すると、体が宙に浮き上がったと思ったら、妻子も飼っていた鶏や犬までもともに天に昇った、という話です。

科挙制度があった時代は、貧困から脱出する農民家庭は大抵、四書五経を勉強して科挙試験に受かり「光宗耀祖（一族の名を揚げる）」の大役を長男に担わせ、次男以下は農作業と「伝宗接代（宗族名を伝え代を接《つ》いでいくこと）」の任にあたるのが伝統でした。

近代になって科挙制度が廃止されても、「家族中で誰か一人出世さえすれば、一族郎党すべてが救われる」という考え方は根強く、未だに存続しています。

このケースからもわかるように、虚弱体質の小強が農作業などの肉体労働に向いていないから、一家は当初、彼に進学させ、いずれ出世するのを期待して、長男の大剛は学校をやめて出稼ぎに行きました。

しかし小強には「光宗耀祖」の能力がなかった。その一方、大剛は商売に成功し、一家を救うことになったため、兄弟の立場が反転しました。

「成年した兄弟が、それぞれ独立すれば良かった」と嘆く者もいるでしょう。――正論ではあります。ただそういう道を歩むには、中国社会とりわけ農村地域は、「個の存在」について認識も啓蒙も甚《はなは》だしく遅れている現状を知ってほしいと思います。

「個」とは家族あっての自分です。だから家族のためなら自己犠牲するのを求められるのも当然。「興」も「衰」も「盛」も「栄」も中国では「家族単位」なのです。その仕組みはどこか蜂に似ています。幼虫がいくら生まれても、女王蜂になれるのはたったの一匹、ロイヤルゼリーで育てられたものだけです。ほかは働き蜂になって、女王蜂に尽くすだけ。

統治者が代々そんな儒教的な家庭観念を中国人に植え付け、のちにこれを愛国教育に巧みに利用し、――国あっての家、家あってのあなた、と。

家も国も個という基礎から少しずつ築きあげるものだという世の摂理を無視し、物事を何でも上から下へと強引に押し進める強権体制こそ、中国の悲劇を引き起こす元凶かもしれません。

事件11

シャトーマルゴーに壊された人生

「農村出身」という劣等感のせいか、内向的な小唐《ショウタン》は、優秀な成績で有名大学の数学科を出たあと重慶の予備校に就職しても、益々おとなしくなり、複雑な人間関係を避けようと、目の前の仕事に打ち込むばかりだった。

在学中に同じ大学の医学専攻だった重慶出身の麗英《リーイン》と恋に落ち、お互い職を得て生活がほぼ安定した頃を見計らって結婚することに。数学教師になりたての小唐の当初の手取り給料は新米産婦人科医の妻のそれとほぼ同額で、医者より先生の勤務時間が一定ということもあって、小唐が家事を多く分担するのもごくごく自然な流れであった。

二人の間にやがて息子が生まれた。出産休暇が終わって仕事に復帰した妻がまた以前の勤務形態に戻ると、子育ても小唐の肩に担わされた。それもそのはず、勤めるようになって数年間、給料額がちっとも変わらない小唐に対し、妻は三倍に増えたのだから。

名門校卒の数学先生。教え子の数学成績も学校で常にトップ。にもかかわらず昇進の道が一向に開けないのは、やはり小唐が上司との良好な関係を築けていないことが問題のようだ。

「仕事なんかより、上司との関係を良くしないと」

給料明細を睨む小唐に、麗英は必ずそう諭そうとするし、彼自身も肩身の狭い思いがしてならなかった。

２０１６年11月のある日、35歳を迎えた小唐は、いつものように「主夫」らしく、朝5歳の息子を保育園に送った後、8時ちょっと前に学校につき、授業の準備を始めた。これから午後5時まで、ランチ休憩を挟んで、授業がびっしり入っており、それを全部こなしてから、息子を迎えに行き、食材を買って帰宅する。それから洗濯機を回しながら夕食を作って、稼ぎの良い妻の帰りを待つ、というたくさんの「昨日」を繰り返す予定だ。

多忙ではあるが、口中に転がるガムのかすかな甘い味に似た日々に、彼は満足していた。

「数学の教科主任が昇進し、12月に新しい教科主任の昇格試験が行われる」

午前の授業が終わって弁当箱を開こうとした時に、耳にそんな知らせが飛び込んできた。小唐は黙ったままオフィスの同僚らを見回した。キャリア10年という自分のほか、入校してまだ3年や2年の若造だけだ。さすが今度は……その時彼の目は劉方という女教師に止まった。

数学教師としてまだ2年目の彼女は、上司孫《スン》部長に気に入られ、夜一緒にKTV（カラオケバー）に行ったり、週末ショッピングモールで買い物したりする二人の姿が目撃され、「不倫しているじゃないか」と囁かれている。

たとえほんとに愛人関係にあってもまさか、そこまであからさまにやらないだろう。とにかく一度孫部長に打診したほうがいい。小唐は勇気を振り絞って、部長室のドアをノックした。

「今度の人事、上も重視していて、公平公正を期して面接官に外部の専門家も招いたんですよ。きみに頑張ってもらわなきゃ、なあ」

小唐は顔を緩ませる。「公平公正」「外部の専門家」の響きに宥《なだ》められて胸を撫でおろした。彼にとって専門試験は何でもないことで、内部の人間とのしがらみのない面接官ならむしろ人間関係による障壁を突破するキーになりうる。

※　※

その夜、妻に「次期主任の最有力候補」である喜びをシェアすると、「仕事だけで昇進できるなら、あなたとっくに主任になっていたわ。部長に何か贈らなきゃ、うんと高いものね」

「うんと高いもの？　何が良いかな？」

「部長の好みは？　酒とかたばことか」

「酒だね。酒豪だっていつも自慢してる」

「ワインはどう？」

「ワイン、いいかも」

翌日小唐は息子のお迎えを妻に任せ、洋酒を扱う某酒荘に走り、1本3999元（約8万円）もする、高級木箱入りのフランス直輸入ワインのシャトーマルゴーを2本買うと、孫部長の家に向かう。

部長宅の前で、泥棒でも働くかのように周辺を慎重にチェックし誰もいないことを確認してからようやくチャイムに手を伸ばした。

小唐とその手に提げた袋を見て、孫部長は満面の笑みで彼を中に迎え入れ、茶菓子を出してきた夫人に、「こちら唐君、新しい教科主任の有力候補だ」などと紹介した。

話は30分も続いただろうか。部長の声にも口調にもかつてない和やかな雰囲気が帯びていて、しまいに「自分が有力候補」であるのを実感した小唐は、嬉しそうに帰っていった。

孫部長は小唐の残した袋から、ワインを取り出し、そのあまりに美しい包装にしばし目を凝らし、「ヤツは今回大出血したな」と上機嫌で呟いた。

「ほんとかしら。今時は偽物ほど高級そうに包装するのよ。どれどれ見せて」

そう言って夫人が近寄ってきてスマートフォンの「洋酒査価App（洋酒価格調べApp）」を開き、包装のQRコードを読み込んだ。

ピコ。――電子音が鳴るや部長の手の中のワインとそっくりの写真がスクリーンに飛び出し、下に「199元（約4000円）／本」と書いてあるではないか。

「ほら、やっぱり安物ね」

夫人は得意げとも軽蔑とも取れるような笑みを浮かべた。

メンツ丸つぶれ。部長の顔色が急に変わって、「俺をバカにしやがって」と箱を床に放り投げる。

※　　※

12月昇進試験の日。自信満々の小唐はトップの成績で筆記試験を突破したあと、面接へと進む。

心配ない。教科主任の座は俺のものだ。長年の努力がこれで報われると思うと、幾分感激して目が潤んできた。

翌朝昇進の結果が発表された。新任の教科主任は「劉方」だった。

は？

小唐は目を擦《こす》り耳も引っ張って繰り返して確認する。そんなところに劉方があいさつ回りにやってきた。耐えがたい勝利者の表情を浮かべて……。小唐は逃げ、いや部長室に駆け込んだ。

「僕はなぜ……」

彼の問いを遮って、孫部長は、顔に残念そうな表情を浮かべ、「小唐、面接の時、調子が悪かったのか？　おまえを一生懸命推したのに……衆寡《しゅうか》敵せずでさ、結局外部の専門家の意見が……」と、仕方ないという様子で首をしきりに振った。

生まれつき気の弱い小唐。部長に先制されて、返す言葉もなくうな垂れて、その場にしばらく突っ立ったまま、とうとうあきらめて出て行った。

新教科主任の劉方を全力でサポートするという孫部長。新体制になってからというもの、何かにつけてシフト調整などを行い、小唐の授業時間は「朝早く夜遅く、日中が暇」といった具合に変えた。

教科主任になれなかったばかりか、今度は「主夫」もできなくなった。息子の送り迎えをするのも買い物をするのも夕食を作るのも、自分がしなければ家は立ち行かなくなる。高いワインに込めた自分の「人情」をせめて少しでも感じ取ってほしいと、彼は再び孫部長を訪ね、相談した。

「授業の時間は規定に則って組んでいるんだ。従えないなら、やめて専業主夫になるしかないね」ときっぱり断られた。

さんざん悩んで、仕方なく小唐は田舎の母親に助けを求めることに。

人生すなわち農作業というその母は、果たして来てはくれたが、孫を送り迎えして3日目、食材を買いに行く途中、バイクにはねられ、左の大腿骨粉砕骨折の大怪我を負ってしまった。

病床に臥《ふ》して食事もトイレも介助なしではできない状態。もう仕事を休む以外の選択肢は小唐には残っていなかった。朝晩子どもの送り迎えと家事をこなし、日中は病院で母親を看護する。

ひと月ほど経ったある日、会社から「長期休職者へのお知らせ」が届いた。——給料が30％カットされるというのだ。

泣きっ面に蜂である。

翌日小唐は手紙を持って、再度孫部長を訪ね「あんまりじゃないですか」と訴える。

「こちらは慈善事業じゃないんだ。仕事しないヤツにはやめてもらうしかないね」

鉄板でも張ったような面相の孫部長は彼に一瞥もせず、そう吐き捨てた。

「僕の今の家の事情も、10年間働いた業績もさることながら、この前僕が贈った8000元もするワインを飲んだならば、少しくらい融通してくれるのが人情というもんでしょ？　こんな嫌がらせ、ひどいじゃないですか？」

小唐は爆発した。

「は、8000元のワインだと？　俺を3歳の赤子とでも思ってんのか。200元もしない偽物で誤魔化しやがって」

孫部長も負けずに大声で怒鳴った。

「200元もしない偽物？」

小唐はポケットからワインの領収書を取り出し、一度「7998元」の数字を確かめてから、孫部長の前に叩きつける。

「7998元？　はは、おまえ騙されたんだ。恨むなら酒屋だね」

領収書の数字を一睨して、孫部長は冷笑しながら携帯の「洋酒査価App」を開いて孫に見せた。

※　　　※

言葉を失った。どれほど突っ立っていたのか、やがて小唐は気を取り直すと外に飛び出した。

酒屋に向かったのだ。途中、がっしりした体格で180㎝超える身長の店主を思い浮かべて、なんとなく通りかかった雑貨屋に入って護身用に果物ナイフを買った。

酒屋はちょうど閉める時間で、独り残った店主が商品を点検している。

小唐が話し出して間もなく、案の定、二人は偽物だ、冗談じゃない、本物だ、賠償しろだのしないだのと口論になり、ついに襟口を摑んだり肩腕を引っ張たりの展開になった。

「だったら工商管理局に通報するがいい」

偽物と認めず、賠償しないという店主は、なおも頑張る小唐を外に押し出しながら、工商管理局に行けと言い放った。あきらめられない、だけれど力じゃ相手に敵わない。どんどん劣勢になって負けそうな小唐、とっさに果物ナイフを取り出して相手を刺した……。

※　※

事件後、警察は小唐を取り調べ、事の発端となったワインのことを知ると、酒屋とワインについても調査を進めた。

結果、ワインはフランスから直輸入した本物のシャトーマルゴーであり、市販価格は1本4000元前後であることも間違いないと判明した。

ならば「洋酒査価App」にあった「199元」とはどういうこと?

警察も気になったらしく調査したところ、「査価」系のAppは大抵会員制のもので、その多くはメーカーをはじめ貿易会社あるいは末端のショップ経営者などから徴収した高い会費で運営しているという。

会員になってもらうのを促すために商品に、実際の市販価格より高くつけるという「サービス」を提供している一方、会員になってくれない取扱店の商品に対しては、無茶苦茶低い値段をつけるような、嫌がらせもする。

孫部長夫人が使った「洋酒査価App」は、無職の青年二人によって立ち上げられたばかりのもので、彼らは一度被害者の酒屋に行って「会員勧誘」の営業をしたが、フランス直輸入のため自信のある店主に断られた。腹いせに、フランス直輸入の4000元のシャトーマルゴーに199元とウソの価格を表示したわけだ。

楊逸の目 権力の値段

「権力至上」の国で権力を持つ者は、ほしいものなら何でも手にできるし、我が意に従わない相手をどんなに酷くいじめても構わない「奴隷主」のような存在です。

中央委員など共産党のトップクラスの幹部らは、国を「私物化」し、全人民を「奴隷」にできるのに対し、黒竜江省省長なら、私物にできる土地は黒竜江省だけで、奴隷数も省の人口規模になる、というふうに位が下がる順に「資源規模」が小さくなっていくし、中国人の多くは自分より権力があるものの前では奴隷になり、自分より劣勢のものを奴隷にするのが当たり前のようです。

だから中国での成功者は大抵、立場に応じて「奴隷」か「奴隷主」かの役を演じ分け、あるいは身分をわきまえるという特殊能力を持っているのです。

一方で失脚した官僚を審判する際によく、「玩弄権術」という罪が挙げられる。つまり権力さえしっかり握っていれば様々な謀略を用いて、「権権交易（権力と権力）」、「権色交易（権力と女）」、「権銭交易（権力と金）」などで、各々の利益最大化をはかる能力も、中国社会に長く生きていれば鍛えられるのです。

そんな中で「賄賂」は蛆《うじ》虫のように増殖する一方です。たとえば11月出産予定日の妊婦がいるとします。赤ちゃんを無事に産むために彼女もその家族も、妊娠して間もない時期から、入院のベッドを確保してもらうよう産婦人科医を探して賄賂で買収しなければなりません。

また小学校に入学する我が子を近視を理由に前方の席にしてもらうためには、先生に金品を贈らなければならない。席によって値段が決められているともっぱらの噂です。

今回のケースに登場した小唐。人間関係が苦手で、賄賂にも疎《うと》いという青年。しかし孫部長は、賄賂をもらうのが当たり前のようで、「教科主任」の値打ちについてきっと彼はあらかじめ見積もっていたでしょう。だから「199元」と知ると激怒し、以後小唐に対しては、はばかりもせずあからさまにパワーハラスメントを続け、しまいに「恨むなら酒屋だな」の一言で、小唐を犯罪に追いやったのです。

孫部長のように欲にまかせて、「奴隷主の天国」を拡大することによって、小唐みたいな奴隷が暮らす「地獄」は呼吸する隙すら奪われ、罪を犯してしまうという意味で、今の中国の現実を如実に映したケースでしょう。

また「賄賂文化」の寄生産業としての「査価App」について、「洋酒査価App」を立ち上げ運営する二人の青年。資格があったのか、関係管理機構の審査を受けたのか、洋酒についての知識はともかく、酒屋の店主が会員になってくれないといって、その商品に20分の1の安い値段を表示した行動からでも、モラルの欠如が一目瞭然です。

ネットの「査価」サイトという本来なら信用を以て成り立つ業種でもこのずさんさ。中国社会において、人と人、人と社会、人と国の間で信頼関係が崩れるのも無理はないでしょう。

事件12

迷惑な超豪華結婚式

「2016年パリコレ最新作のウェディングドレス。プーケットの海はほんとうに、このエメラルドの指輪の色をしてるのね。感動！　キングロブスター二つ、ちょっと食べすぎかな」

南の島で結婚式リハーサルを行っているという王媛《ワンユエン》はまた、SNSアカウントに解説つきの写真を更新した。するとコメントが次々と飛び込んできた。

「なんて素敵なの、うらやましい」

「よだれが止まらない。キングロブスターのお土産、よろしくね」

「幸せそう。花婿映ってないじゃない？　見たいな～」

待ち構えていた彼女はさっそく、自作のストーリーを滔々と返事に書き始める。

「ダーリンはヨーロッパ出張中なの。アメリカ大手グローバル企業のアジア地区のハイマネージャーだから年がら年中世界を飛び回っていて、結婚式の準備はすべてあたし任せなの……今回もあたし、30万元でチャーターしたプライベートジェットに一人で乗ってきたんだから……かわいそうでしょ」

そう打ち込むとなぜか胸がじ～んとしてきた。自分のストーリーに感動したようだ。

「成功する男の後ろを必ず淑女の妻が支えているって言うじゃない」

「そうよ。エリートの妻になるなら、孤独を覚悟することね」

高級リゾートホテルのスイートルームのキングベッドに横たわり、ＳＮＳの熱波にも浮かされて、王媛は「これから金持ちエリートと結婚する女」の幻想に浸る。

王媛、蘇北の出身で、地元の大学を出たあと、某ＩＴ企業の事務職として働き始めた。学生時代につき合っていた初恋の彼が北京に行ったため、卒業してすぐ別れた。以来見合いをたくさんしたのに、ぽっちゃり体形とさえない顔のせいで、まとまる話が一つもなく、家と会社を往復するだけの生活をして、あっという間に28歳になってしまった。

「剰女《シュンニュウ》（残り女）になっちゃうよ」

溜息が止まらない両親が、焦って見合いの条件を何度も下げたのに……。

そんなある日、会社のＩＴエンジニアの一人、女子社員の憧れ的な存在である林峰《リンフン》が失恋したとの噂が流れた。

林峰は王媛より3歳年上の先輩で、背が高く肩幅も広い。何よりその石像のようにはっきりとした顔の輪郭がカッコ良くて男らしい。彼はつい最近まで結婚が囁かされていたにもかかわらず、どうも5年間つき合った「超美人」といわれるモデルの彼女が、市の中心部のマンション一軒と、値段は10万元以上する車を買ってくれなければ結婚しないと言ってきたため、林峰が怒って、喧嘩別れしたらしい。

「見栄っ張りの女はもうコリゴリだ。結婚するなら地味で良妻タイプの女性がいい」

反省した彼は、つき合う女性の条件を改めてそう公言しているとか。

今がチャンス！——社内の未婚女子、容姿の優れた数人がすぐに動き出した。化粧や身なりをモデル風にアレンジし、ランチの弁当を作ってきたり、ディナーに誘ったりして、アピールしたが、ことごとく失敗。——魂胆がミエミエで、モデルの元カノには敵わない容姿なのに、きれいに見せようとしたことで却って「見栄っ張り」に思われ、林峰の反感を買ったそうだ。

どうも容姿に自信がない女性の方が、素朴で良い妻になるのだと、林峰は前回の失敗から悟ったようで、頑なに美人を拒否している。

自分にまったく関係のないこの騒ぎを隅っこで眺めていた王媛。ある同僚との飲み会で、林峰のうわさに聞き入っていたところ、「小王（王媛）、そうよ。あなたまさに林峰の彼女の条件にピッタリじゃない？」と誰かが骨董品でも掘り当てたかの声で言った。

「わたし？　わたしなんて、そんなとんでもない」

彼女は慌てた。紅潮する顔を両手で隠しながら、首を振った。

「確かに、顔も、地味な性格も……」

席中の視線がわっと彼女に集まり、傍らで誰かの「解説」も加わった。

そんな酒の席の冗談を本気にする人などいなかろう。それがまさかのドリーム・カムズ・トゥルーの展開となる。

数日後のある昼休み、王媛はランチに行こうとオフィスから出ると、後ろから「王さん」と呼ぶ声がした。

振り向けば、林峰が自分に笑いかけているではないか。

「ああ、こんにちは」

「ランチ？」

「ええ、林さんは？」

「僕も。一緒に行こうか？」

「ええ、ぜひ」

何か戸惑いを隠した。

※　※

二人のつき合いはすぐ皆に知られるようになった。王媛は果たして、林峰の求める「彼女像」通りの女で素朴な外見の一方、何でも林峰に従順で、デートでブランド品のバッグ、高級なディナーなど求めないし、昼のお弁当も週末の洗濯や掃除も、文句なしにやってくれる。

「結婚の新居は両親が15年も住んでいた古いマンションでも構わない?」

「あなたと一緒になれるなら、どんな家でも」

「車、あと結納金とかは?」

「お気持ちだけでいい、と思う」

そんな回答を以て彼女はすんなり林峰の試験をパスし、つき合って2か月でスピード結婚をすることに。

「俺が仕事頑張るから、家のことを任せちゃっていいね?」

結婚式が終わるや、林峰は、給料が振り込まれる銀行のカードと貯金30万元の入った銀行通帳を新妻に渡し、「仕事をやめて専業主婦になってもいいよ」と言った。

※　※

「剰女」から玉の輿に乗るエリート妻へと変身。——王媛の「シンデレラストーリー」が、同僚たちに原子爆弾に負けないほどの衝撃を与えた。

彼女らの見張った目には、驚き、羨《うらや》み、嫉妬、恨みなど様々な色が複雑に混ざっている。しかし王媛はかつて経験したことのない、雲にでも乗っているようなフワフワとした、愉快な気分を味わった。
どうすればこの快感を、いつまでも保てるのか。彼女はいろいろ考えて、優雅な「林夫人」生活を見せることに決めると、ＷｅＣｈａｔ、微博などＳＮＳにアカウントを作り、写真と呟きを始めた。

「すっかり疲れちゃったぁ。新婚旅行の海南島から戻ってきて寝っぱなし。お腹が空きすぎて目が覚めたら午後。主人は？　ははラーメンを作ってくれているんだ」

呟いた時間は「３：12ＰＭ」。エプロン姿の林峰が台所に立つ写真も載せた。ただ反響はいまいち。５時間が経っても「いいね」は４個しかない。――押してくれたのは両親と姑夫婦だけだが、その他大勢は黙って投稿をチェックしているのだろうと考えると、彼女は妙に興奮を覚える。
ＳＮＳでしょっちゅう自慢できるほど、専業主婦の暮らしは楽でのんきなものではない。恵まれた優雅な貴婦人キャラを演出するのはハードルが一層高くなる。まず「道具」から買い揃えねばと考えた王媛は、足しげく高級デパートやショッピングモールに通った。化粧品、洋服、バッグ、アクセサリー……普通のものだと誰でも買えちゃうし写真映えもインパクトもないので、高級ブランドにこだわるしかない。

また買い物だけでなく、休憩に使うカフェも高級感の漂う店を選んで、コーヒーも値段の高さがわかるメニューを写真に写してSNSに載せる。

※　※

結婚して3か月、林峰は友人に誘われ一緒に起業することを決め、妻に預けておいた30万元（600万円）の貯金を出すように言った。

「急に30万？」

王媛は驚いた。あれこれ言い訳をしたが、誤魔化しが効かず残高「数百元」という預金通帳を夫に見せた。

「何に使ったんだ？」

案の定、林峰は激怒。妻が無難に家事をこなしてくれているだろうと思い、仕事に没頭していたら、わずか3か月で給料も貯金も使われて消えてしまったのだから。

「離婚だ」

この3か月ですっかり「貴婦人」になった王媛もむろん、負けていない。「30万元くらいで離婚を言い出すような男、こっちから離婚してやるわ！」と強がった。

翌朝、二人は勢いで民政局に行き、離婚の手続きを済ませると、王媛は自分の荷物を持って実家に帰ったが、離婚する気などまったくなかった。そもそも離婚に応じたのも家出したのも、3、4日で林峰の怒りがおさまればきっと謝りに来て自分を連れて帰ってくれると高をくくってのことだった。

4日が過ぎ、1週間経ち2週間も経った。林峰から何ら連絡がない。王媛はさすがに不安になって、家に行ってみると、玄関の鍵が替えられていて、中に入れない。

ブロックされた彼のSNSを覗くために、別のアカウントを新たに作った。

離婚した日に、「離婚した」というタイトルでそれを証明する書類の写真が投稿され、またつい数日前に新しい彼女とデートした写真もあった。

「ヤツにはもう彼女ができた？　許せない！」

王媛は歯ぎしりして独りごちながら、「このデートの写真、もしかして私への腹いせに、関係のない女に頼んでわざと演じたものかもしれない。アイツも、やっぱりこっちを気にして毎日こっそりSNSを覗いているに違いない」と思いなおした。

負けてはならない。それからというもの、彼女は、「アメリカ大手グローバル企業のアジア地区ハイマネージャー」という新恋人を作り上げ、「林夫人」の時よりもっと贅沢で優雅に暮らしている虚像を見せ始める。

「エルメスの新作バッグ。限定品で全世界にたった100個。値段？　うふふ……。このベンツもかっこいいけど、でもあたしフェラーリのほうが気に入っているのよね。『誕生日まで待ってね』って彼が……」

離婚後の王媛は社会復帰をめざして職探ししているがうまく行かず、収入はゼロ。仕方なくミルクティーの店をやるなどと嘘を言って親に10万元を出させた。そのくらいの金はブランド品を買おうものならあっという間に無くなるので、SNS上での自慢用にネットからダウンロードした写真に自分を編集で入れたり、レンタカーで写真を撮ったりして何とか投稿を続けた。

※　　　　※

一方の林峰は、恋人とのつきあいが超順調に進んだらしく、ほどなくして「婚約」し、半年後に「結婚式」を挙げるのだと、SNSに投稿。

王媛は焦った。負けてはならない。今の自分には彼はおろか仕事も見つかっていない。ミルクティーの店への投資話で騙されたと知った両親は、いまやあの手この手を使って彼女を追い出そうとしている。もう八方塞がり。

困境（ジレンマ）にどんどん追い詰められて、どうしようもなくなった彼女。ある日ぼうっとしてショッピングモールをぶらぶらしていたら突然、「王さんですよね」と声をかけられた。

振り向くと、そこに数か月前、林峰との結婚式を請け負ってくれたウェディングプランナーの張社長が立っている。

「あら、張社長」

まさに脳裏に稲妻が炸裂した瞬間だった。王媛は満面の笑みを浮かべ、その手を握って甚だ喜んだ様子で、「ちょうど連絡しようと思っているところなの」と言った。

「へえ、僕に、何か用ですか？」

「結婚式の相談よ、もちろん」

「結婚式？　ご結婚されて確かまだ半年……」

「いや離婚しちゃいました。今つき合ってる彼は米国系大企業のアジア地区のハイマネージャーでね、この秋結婚式を挙げると決めたんだけど」

「ほお、おめでとうございます。ぜひ私どもの会社で……」

「そう、ちょうどお願いしようかなって、考えていたところなの」

王媛は何気なくスマートフォンを取り出し、ＳＮＳを開いて自分の投稿を見せながら
――彼が国際人で招待客も欧米人の金持ちばかりなので、どんと盛大で派手な結婚式にしたい。予算は上限を設けない。招待客に失礼がないようにしたいので、慎重にリハーサルをやってほしい、と注文を伝えた。

「デカい仕事」が舞い込んだ。「任せて下さい」、張社長は胸を強く叩いて、その場でご満足のいく結婚式を企画させていただくと約束した。

翌日企画案が幾つも届けられた。王媛は一つ一つ真剣にチェックし、中から二つ選び、自身の要望を上乗せしてから、返した。

結婚式は二回。一回目は世界中の金持ちを招待し、上海で有名な一流ホテルで行う。二回目は、家族親族だけ招待し、プライベートジェットで南の島に連れて行き、貸し切りのリゾートホテルで、プライベート結婚式を行う。

プランが決まれば、さっそくリハーサルを始めなければ。秋に行われる本番に間に合わ

せるため、日程を詰める。

結婚式というのはたいがい1年前から予約するもの。「1か月後」のスケジュールはほとんど埋まっていたし、スタッフもそれぞれ仕事が決まっていて、動きが取れない状態。化粧、スタイリスト、カメラマン、通訳（タイの島のリゾートホテルを貸し切るため）、会場設置、デザイナーなど、張社長は同業者の間を飛び回ってキャリアのあるスタッフをかき集めると同時に、ホテル探し、ジェットレンタル、衣裳準備をしながら、パスポート申請、ビザ申請などの手続きまでも請け負った。

見積り「数百万元」を一瞥して、王媛はどうってことない表情で、高級バッグから「2万元」を取り出した。「とりあえず前金として。残りは式が終わった後精算して、主人の会社に請求してください。一括で支払うから」と言った。

「花嫁」だけのリハーサル。ウェディングドレスにせよ、アクセサリーにせよ、ハイヒールにせよ、花飾りにせよ、その身に着けるものはどれも正真正銘の高級ブランド品で、上海の最高級ホテルでの披露宴会場と料理、また南の島に行くプライベートジェット、リゾートホテルのスイートルーム、ビーチや花火まで一通り計画に従って予習した。

眩しい白いドレスを着た王媛は、プロのカメラマンの前でスターのように振舞って、誰もが羨む幸せな「シンデレラ」姿を写真に残した。

彼女は手にした写真をＳＮＳアカウントで随時更新して書き込みしながらも、「今頃どこかでこっそりあたしの幸せをのぞいている林峰はきっと大腸が青くなるほど悔しがっているに違いない」と勝手に想像し、「いい気味」と独りごちた。

※　※

リハーサルが終わった。目的を達成し大満足した王媛は姿をくらまし、張社長との連絡を絶った。結婚式の予定がどんどん近づいて、ついに予約してある高級ホテルも南の島のリゾートホテルもキャンセルが許されない時期に入った。だが肝心の花嫁には一向に連絡が取れない。何よりも、ここまでかかった費用もこれから発生する費用もすべて張社長の立替で、しょせん個人経営の小会社、そんな資金力はなく、友人知人から相当借金をして充てている。

「まさか詐欺に遭ったのか？」

張社長は警察に通報。

王媛を探し出すのに時間も手間もかからなかった。彼女の「情報」――張社長と連絡用の名前も住所もＳＮＳアカウントもすべてが本物だったからだ。姿をくらましたとはいえ、一人でどこかに遠出する勇気もなく、ただ親戚の家を転々としていただけだった。「なぜこんな詐欺を働いたのか？」との尋問に対し、彼女は「詐欺のつもりではなく、元夫に後悔させるために幸せな自分を見せたかっただけ」と答えた。

のちに警察はその元夫、林峰にも話を聞いた。――「離婚してすぐ、彼女のＳＮＳアカウントをすべてブロックしたので、その投稿も見ていないし、どう過ごしているのかもまったく興味もなく、知らなかった」のだと語った。

楊逸の目　中国人の「幸福感」とは

世界には二種類の人がいます。一種類は中国人で、もう一種類はそれ以外の人です。そう区別する基準はつまり、自分の人生を自分のために生きるかどうか、でしょう。他人の目の中で生きたいのはたぶん中国人が強く持っている感情ではないでしょうか。

私が生きた文革という赤貧の時代。食糧が不足して、革命精神を以て日々飢餓と戦っていながら、どの家でも「優越感」を見せつけるために、大抵リビングの客人の目が一番行く所に、一つか二つ特別な「飾り物」が置いてありました。――二鍋頭（白酒）か、「中華」ラベルのたばこか、あるいはクラフト紙に包まれた「蛋糕《ダンゴー》（マフィン）」か。

それらはいずれも見せるためのものなので、家の人はもちろん、客人も、決してそれを手で触ったりしないのが暗黙の了解でした。というのは二鍋頭なら瓶の中の液体は水に決まっているし、「中華」ラベルのたばこもただの空箱であるのはまちがいない。逸話が多いのは蛋糕です。

四つ入りの蛋糕は当時の贅沢品でした。お正月や目上の人の誕生日などの節目の礼品として見映えがよく、子どもでも老人でも誰もが喜んでくれるので「相手を選ばない」利点もありました。

クラフト紙で箱型になるように形をきれいに整えたあと、赤い紙を一枚のせ、紙紐で括りつけます。それをもし開けると、元の形に戻すのは大変ということもあって、もらった家庭は開けずに、次に何か贈り物をしなければならないイベントを待って使うのでした。

礼品のはずの「蛋糕」はカビが生えたものだったとか、「化石のようで」齧《かじ》ったら前歯が欠けたとかの話は、小学生のころから聞いていて、ある時、我が家のリビングに飾ってあったそれを覗いてみようと手を伸ばしたら、紙紐が切れてしまったのを覚えています。

50年も経った今日、「蛋糕」はさすがに伝説になったけれど、このケースに出てくる王媛のように、「負けちゃならない」とか「相手に自分の幸せを見せつけて悔しい思いさせてやる」という骨の髄にまでしみ込んだ「中国人根性」は生活がよくなるにつれ、どんどん肥大して、奇形になったように思えてならない。

一時日本でも流行った、「富裕層」とか「爆買い」とかの固有名詞からも、世界を飛びまわって土地不動産を買い漁るガニ股歩きの成金の姿からも、そんな根性が見て取れますが、それに騙されてはなりません。中には「王媛」がいるかもしれません。

本文ＤＴＰ　有限会社メディアネット
装　　幀　須川貴弘（ＷＡＣ装幀室）

楊 逸（ヤン イー）

1964年、中国ハルビン生まれ。87年、来日。95年、お茶の水女子大学文教育学部卒（地理学専攻）。2007年、『ワンちゃん』（文春文庫）で文學界新人賞受賞。08年、『時が滲む朝』（文春文庫）で日本語を母語としない作家として初めて芥川賞受賞。他の作品に『金魚生活』（文春文庫）、『すき・やき』（新潮文庫）、『あなたへの歌』（中央公論新社）他多数。共著に『中国の暴虐』（ワック、櫻井よしこ氏、楊海英氏）などがある。現在、日本大学芸術学部教授。

中国《ちゅうごく》仰天《ぎょうてん》事件《じけん》簿《ぼ》

欲望《よくぼう》止《や》まず やがて哀《かな》しき中国人《ちゅうごくじん》

2023年１月26日　初版発行

著　者　楊　逸

発行者　鈴木　隆一

発行所　ワック株式会社

東京都千代田区五番町４-５　五番町コスモビル　〒102-0076
電話　03-5226-7622
http://web-wac.co.jp/

印刷製本　大日本印刷株式会社

ISBN978-4-89831-966-6